EDUCAR LAS EMOCIONES

EDUCAR LAS EMOCIONES

Amanda Céspedes Calderón

GRUPO ZETA

Barcelona • Madrid • Bogotá • Buenos Aires • Caracas • México D.F. • Miami • Montevideo • Santiago de Chile

1.ª edición: septiembre 2013

© Amanda Céspedes Calderón, 2008
© Ediciones B, S. A., 2013
   Consell de Cent, 425-427 - 08009 Barcelona (España)
   www.edicionesb.com

Printed in Spain
ISBN: 978-84-666-5233-9
Depósito legal: B. 16.471-2013

Impreso por LIBERDÚPLEX, S.L.U.
Ctra. BV 2249 Km 7,4 Polígono Torrentfondo
08791 - Sant Llorenç d'Hortons (Barcelona)

Dedicado a tres soñadores en busca de un mundo mejor

INTRODUCCIÓN

Si yo dispusiese de 53 minutos…
caminaría suavemente hacia una fuente.

ANTOINE DE SAINT-EXUPÉRY, *El Principito*

El año 2007 se publicó *Niños con pataletas, adolescentes desafiantes* como respuesta a las innumerables solicitudes de ayuda por parte de padres desesperados que no encontraban la fórmula para abordar con éxito las conductas rebeldes de sus hijos. A poco de aparecer, el «libro rojo de las pataletas» o «el libro del diablito con alas de ángel» —como lo llamaron los niños— se había convertido en un superventas y en un libro de mesilla de noche, una suerte de manual de consulta obligado que numerosos padres y profesores releían no solo cuando se enfrentaban a chicos díscolos y desafiantes, sino cada vez que deseaban fortalecer buenas prácticas de crianza.

A través de sus páginas y en especial de los casos descritos, los padres se veían reflejados, sentían alivio al comprobar que no eran los únicos que debían lidiar con un chico porfiado y se sorprendían al descubrir que las pataletas y las conductas desafiantes no se solucionan con recetas mágicas del tipo «frente a esta conducta aplique el plan A, y si fracasa, recurra al plan B». Por el contrario, el libro les invitaba a mirar las pataletas y el negativismo como señales, y el secreto para abordarlas consistía en descubrir cuáles eran sus causas.

Similar sorpresa les causó a muchos padres saber que la mayoría de los problemas de conducta de sus hijos son provocados y mantenidos por las actitudes de los adultos, en especial actitudes erróneas respecto a la educación emocional oportuna y sistemática. Padres y maestros se mostraron interesados en aprender a ser sólidos educadores emocionales, hábiles en el arte de enseñar a los niños a ser reflexivos, respetuosos, considerados, capaces de posponer gratificaciones en pos de una meta, amables y responsables. Descubrieron que lograr este objetivo es clave para eliminar las conductas desafiantes y rebeldes en los niños.

Estos padres y profesores estaban alarmados por el creciente fenómeno de la violencia entre pares, representada por la aparición en aulas y lugares de encuentro del acoso o *bullying* y de las peleas a la salida de las fiestas. Asimismo, estaban motivados para alcanzar el gran reto de promover la sana convivencia entre pares, y sabían que dicha meta solo es posible si los adultos que deben acompañar a los niños en su desarrollo son capaces de educarlos emocionalmente para enfrentar la existencia y sus desafíos.

Este interés nos llevó a dar vida al presente libro, que tiene como misión mostrar a padres y profesores que todo niño viene al mundo programado para la armonía y para la felicidad; sin embargo, para alcanzar dichos dones el menor precisa la compañía de adultos que le guíen y le eduquen emocionalmente. Muchos niños no tendrán nunca la oportunidad de recibir educación para la vida en casa; entonces habrán de ser sus maestros los encargados de formarlos para alcanzar la plena realización personal.

Este libro pretende mostrar que educar a los niños para la vida es una tarea noble que se puede llevar a cabo de mejor manera cuando se poseen ciertas habilidades. Sin embargo, para que estas sean efectivas, deberán articularse necesariamente en torno a un ingrediente fundamental e imprescindible: el amor hacia el niño.

El amor es una fuerza generativa inmensa e inagotable que está presente en cada ser humano antes de su nacimiento y se cultiva, pacientemente, a lo largo de las dos primeras décadas de vida. Desde ese momento en adelante, el joven y luego adulto poseerá en su interior un sólido bagaje amoroso que pondrá al servicio de su familia y de su comunidad.

«Dos cosas necesita una semilla: tiempo y estímulo», afirma Shinishi Suzuki, el profesor de música creador del método que lleva su nombre. Del tiempo se encarga la biología, que trabaja minuto a minuto modelando el fascinante organismo humano; pero los estímulos han de venir necesariamente de otro, y ese otro es el adulto. No cualquiera, sino alguien que ha establecido previamente un compromiso con el amor.

> «Lo que más embellece el desierto es el pozo que se oculta en algún lado», dice el pequeño príncipe en la obra de Saint-Exupéry. «En cada adulto se oculta un pozo de amor. Tengo sed de esta agua —dijo el Principito—, dame de beber.»

Sorprende y acongoja comprobar cuántos adultos escatiman el amor hacia los niños como fuente de educación para la vida, como si caminaran ignorantes del formidable tesoro que duerme en su interior.

«El pozo que habíamos encontrado no se parecía en nada a los pozos saharianos… El que teníamos ante nosotros parecía el pozo de un pueblo… Todo está a punto: la roldana, el cubo y la cuerda…» Se rio y tocó la cuerda; hizo mover la roldana, que gimió como una vieja veleta cuando el viento ha dormido mucho… «¿Oyes? —dijo el Principito—, hemos despertado al pozo y canta.»

Este libro es una invitación a despertar ese pozo de infinito amor que duerme en la mayoría de los adultos, de cuya agua anhelan beber los pequeños, ya que privados de ella sucumben y se transforman en adultos desencantados, rabiosos y dispuestos a perpetuar con su violencia un mundo carente de amor y de compasión. Este libro busca que cada lector descubra dentro de sí ese manantial y aprenda a echar el cubo para sacarlo rebosante de amor cada vez que debamos acompañar a un niño en su tránsito a una adultez sana y plena. Levantar el cubo y apoyarlo sobre el brocal requiere cierta destreza; más aún, llevarlo a los labios del pequeño:

Aquella agua era algo más que un alimento. Había nacido del caminar bajo las estrellas, del canto de la roldana y del esfuerzo de mis brazos… Era como un regalo del corazón.

Acompañar al niño hacia la conquista de la conciencia de sí es un trabajo laborioso que puede resultar más fácil si se poseen algunos conocimientos y estos se conjugan con la voluntad de amar y la certeza de estar cultivando dones para un mundo mejor.

Capítulo I

El intelecto emocional se nutre de afecto

¡Es tan misterioso el país de las lágrimas!

Antoine de Saint-Exupéry, *El Principito*

El niño llega al mundo perfectamente programado para la felicidad. Cada uno, incluso quien por algún azar nace con determinada minusvalía, trae consigo una espléndida dotación biológica diseñada para conquistar dicha felicidad y vivir en armonía. Pero será la impronta ambiental, en especial durante los primeros años, la que en definitiva selle el destino de ese niño, esculpiendo en aquel flamante sistema de la felicidad un guión de fortaleza o de vulnerabilidad para erguirse ante la vida y sus desafíos. El diseño de ese sistema es simple y a la vez enormemente complejo: contempla responder a los estímulos con emociones, de manera que se vaya creciendo integralmente a partir de las interacciones con otros.

El adulto ha ignorado durante siglos el papel que desempeña la construcción de una emocionalidad sana en el logro de los objetivos que fija para sus niños. Ha transitado desde la brutal omisión de las necesidades de la niñez hasta la despiadada hipertrofia de lo cognitivo como única puerta al éxito. Quizá nunca como en el siglo XX el mundo adulto invirtió tiempo y esfuerzos en perfeccionar las metodologías y filosofías educativas orientadas al logro académico, creyendo ciegamente que la solidez cognitiva, el conocimiento entregado por la institución escuela, era garante suficiente en la tarea de producir adultos exitosos. Y cada vez que ha debido enfrentarse de forma crítica al fracaso de este modelo, ha insistido en lo mismo: modificar una y otra vez metodologías y proyectos educativos centrados en lo cognitivo, ignorando el papel de la emocionalidad sana en la construcción de un niño, joven y adulto intelectualmente proactivo.

Las emociones, por lo tanto, han quedado relegadas al ámbito privado del hogar y han sido dejadas en manos de un único factor: la disciplina, que tiene como objetivo conducir al niño a dominar sus emociones para mantenerlas a raya en su viaje hacia la adultez. Sin embargo, negar las emociones en el aula y sobredimensionar la disciplina como educación en casa son acciones erróneas y, posiblemente, sirven de base explicativa a numerosos fenómenos negativos de nuestra sociedad occidental como las elevadas tasas de fracaso y deserción escolar, delitos, violencia social, divorcios, inestabilidad laboral, por no mencionar el incremento constante de psicopatologías infantojuvenil y del adulto.

Instalar las emociones en la escuela y ampliar el ámbito de la educación en casa a la llamada educación emocional, constituyen un cambio de mirada imprescindible para preservar en nuestros niños su más preciado potencial: el perfecto diseño de un programa biológico que garantiza la felicidad y la armonía.

Las emociones son nuestra preciada caja de resonancia

La caja de resonancia es una parte primordial de la gran mayoría de los instrumentos acústicos, principalmente de cuerda y percusión. No solo cumple la función de amplificar el sonido, sino que es un factor decisivo en el timbre del instrumento. Para ello es importante la calidad de la madera, el número de piezas con la que esté hecha y su estructura. En la mayoría de los instrumentos de cuerda, la caja de resonancia está formada por dos tapas y una sección de madera con formas curvadas que las une. En el interior se encuentran el bastidor —estructura de refuerzo de las tapas que sirve para controlar la vibración— y el alma.

En los instrumentos de cuerda, el alma es una pieza de madera en forma de cilindro en el interior del instrumento y cuya función, además de otorgarle resistencia a este, es mejorar la resonancia transmitiendo las vibraciones del puente al conjunto.

En el ser humano, el alma es también el elemento central que permite «resonar» con los matices de la vida al tiempo que asegura la resistencia a sus adversidades. El alma es un finísimo soplo que se nutre o se debilita al contacto con la dimensión emocional, la que sería equivalente a la caja de resonancia; todo nuestro ser resuena con la vida, experimentando ante sus desafíos variaciones fisiológicas que denominamos emociones, construyendo a partir de ellas un complejo mundo psíquico que se va a expresar en conductas.

El estudio de las emociones humanas fue prácticamente ignorado durante gran parte del siglo XX; su enfoque fue más bien experimental, parcelado, escasamente integrado con la psicología de la salud y abordado en exceso desde la psicopatología. Como plantea el doctor George E. Vaillant en un lúcido artículo sobre emociones positivas, espiritualidad y práctica de la psiquiatría, durante casi la totalidad del siglo XX las emociones fueron para la psicología apenas una especie de ficción útil para explicar las conductas y los desórdenes mentales. Las emociones consideradas privativas humanas —aunque hoy la moderna etología comparada ha descrito algunas de ellas en animales superiores— como la generosidad, el altruismo, la fe o el amor compasivo, se mantuvieron relegadas al ámbito de lo religioso e ignoradas completamente por la psicología. Solo a finales del siglo XX las emociones ligadas a la salud irrumpieron con inusitada fuerza en el escenario explicativo de los fenómenos humanos, de la mano de la emergente escuela de psicología transpersonal, luego nutridas por la corriente de medicina holística y terapias alternativas y, más tarde, entusiastamente apropiadas por las neurociencias. Es el momento en que investigadores y neurocientíficos, como Damasio, Daniel Goleman y Le Doux, llevan al ciudadano común las investigaciones sobre salud, adaptación social y emociones. Y es el comienzo de un extraordinario avance en el estudio y aplicación del conocimiento de la vida emocional humana a la vida sana y a la armonía existencial.

Ser educador de las emociones exige conocer de modo sólido el escenario biológico donde aquellas ocurren y plasman nuestra existencia. En el apéndice al final del libro, el lector podrá aprender acerca de la neurobiología de la vida emocional, sus estructuras, su química y el hoy en día fascinante mundo de la energía vital. En este capítulo se abordarán los aspectos funcionales que servirán de base para el análisis del mundo emocional infantil.

¿Qué son las emociones?

Durante el siglo XX se pensaba que la vida emocional humana residía en el cerebro. Esta concepción es parcialmente cierta, ya que el cerebro es un punto de confluencia de la información emocional que proviene de todo el organismo: a nivel molecular, confluye hacia el cerebro desde los distintos órganos corporales, desde el sistema inmunológico, desde el sistema neuroendocrino y desde el nivel psíquico. Esta compleja y dinámica información es integrada en el cerebro y emerge hacia los diferentes sistemas. A nivel submolecular, fluye la energía atravesando cada punto del organismo. En efecto, las investigaciones de la física cuántica han permitido conocer y medir esas corrientes electromagnéticas invisibles que atraviesan nuestro organismo no solo vitalizándolo, sino también estableciendo una perfecta unidad entre los seres vivos, el planeta y el cosmos. La energía que nos atraviesa y nos vitaliza es la misma que proviene de las más alejadas estrellas y de las profundidades de los mares, configurando una unidad cósmica que nos transforma, elevándonos desde la biología hasta la comarca misteriosa del espíritu.

Las emociones son el resultado del procesamiento que las estructuras de la vida emocional efectúan de los cambios corporales frente a las modificaciones internas y/o ambientales. Este procesamiento comienza durante el tercer trimestre de vida intrauterina, y va adquiriendo una progresiva sofisticación al establecer relaciones con el mundo psíquico y mental, y acceder así finalmente a la conciencia. Los cambios evolutivos de la vida emocional humana son drásticos e intensos durante las dos primeras décadas de la vida, pero continúan a lo largo de todo el ciclo vital, transitando hacia la conquista final de la sabiduría, que podríamos definir como la más elevada integración de las experiencias en un escenario interno de emocionalidad positiva: el perdón, la compasión, el desprendimiento, la entrega incondicional, son las alturas de la conciencia que nos conectan con el alma y constituyen el final de un camino de evolución de lo emocional a lo espiritual.

Entonces, una emoción es un cambio interno pasajero que aparece en respuesta a los estímulos ambientales. Las emociones básicas humanas nos acompañan desde el nacimiento y se organizan en un eje polar: rabia y miedo *versus* alegría y quietud. Un recién nacido experimenta un miedo extremo al cambiar el cálido y protector útero materno por un ambiente externo plagado de estímulos nuevos y desconocidos para él: ruidos, olores, temperatura, luces. Estos estímulos lo perturban y su cerebro transforma esta incomodidad en rabia. Una vez que se atienden sus necesidades, se calma y experimenta la alegría de ser confortado; los cuidados recibidos le permiten dormirse en un placentero estado de calma.

Estas primeras emociones, que no son conscientes, se denominan emociones primarias y nos acompañan a lo largo de toda la vida. Cuando los adultos nos sentimos amenazados, incomprendidos, abandonados, nos invaden el miedo al desamparo y la rabia, pero cuando nos consuelan y nos aseguran que somos queridos y valorados, nos alegramos y experimentamos una deliciosa quietud interna.

A partir de estas emociones básicas van apareciendo otras más complejas y sofisticadas, que se construyen dinámicamente durante la vida y sus experiencias: sobre la plataforma de la alegría y de la quietud surge el júbilo, la euforia, el éxtasis, el arrobo, mientras que sobre el miedo y la rabia se construye la vergüenza, el disgusto, la frustración, la ofuscación, el recelo, entre otras. A medida que el niño va creciendo, las emociones se van haciendo conscientes y se integran al guión biográfico de cada individuo, con su particular bagaje de vivencias. De este modo se establecen esquemas emocionales más duraderos que interactúan constantemente con la personalidad en formación; son los sentimientos, que también se organizan en una jerarquía que va de los básicos, como el cariño, el optimismo, la ternura, los celos, la envidia, a sentimientos muy elaborados y sofisticados que pasan a constituir una unidad indisoluble con la personalidad individual, como el amor a la patria, el odio a las minorías, etc. En este nivel se encuentra un conjunto de sentimientos elevados que se construyen sobre una emocionalidad básica positiva y sólida y que se relacionan con la espiritualidad humana: la fe, el altruismo, la solidaridad, la capacidad de perdonar, el amor empático y caritativo.

El ser humano transita a lo largo de su vida por el dinámico eje de esta emocionalidad. Cuando está biológica y psicológicamente sano y ha recibido una óptima educación de sus emociones, se mueve en el extremo de los sentimientos más elevados: es optimista, generoso, empático; se muestra flexible, de buen humor y sabe perdonar. Por el contrario, el sufrimiento, los dolores y las penas lo conducen hacia el polo de las emociones básicas negativas: miedo y rabia, y se instala en la dimensión de los sentimientos negativos: hostilidad, resentimiento social, odio, deseos de venganza, egoísmo. Es fácil comprender que las penas infligidas tempranamente y de forma reiterada a un niño van a despertar en este intensas emociones negativas, sobre las cuales va a ir construyendo un guión existencial centrado en la envidia, el encono, el recelo y el resentimiento. Por el contrario, proteger al niño y nutrirlo de afecto, valoración y respeto, inclinarán su balanza emocional hacia el polo positivo: serenidad, optimismo, empatía, flexibilidad y buen humor. Si ese niño posee condiciones particulares que favorecen el desarrollo espiritual, accederá tempranamente al ámbito de los sentimientos humanos más elevados y será identificado como niño índigo o niño cristal.

Las principales vías de expresión emocional son el lenguaje verbal; los lenguajes no verbales —la expresión facial, el lenguaje corporal, los calificadores vocales— y las conductas o comportamientos.

La personalidad

a. El temperamento

El temperamento constituye el factor biológico de la personalidad humana. Heredado de los antecesores, está codificado en el programa genético y tiene su asiento anatómico en aquellas regiones del cerebro que están en estrecha interrelación con las funciones cognitivas, neuroendocrinas, neuroinmunológicas y viscerales, constituyendo una unidad cuyo adecuado funcionamiento garantiza parte significativa de la salud emocional humana. El temperamento constituye nuestra impronta biológica a lo largo de la existencia, aun cuando su expresión génica puede ser moldeada por factores ambientales. Los genes que contienen información acerca de la organización funcional del temperamento prácticamente no han sufrido modificaciones desde los primeros tiempos del hombre sobre el planeta.

El temperamento humano está organizado en dimensiones con características y propiedades específicas, las que se van a manifestar como comportamientos observables. En otras palabras, niños y adultos tenemos un repertorio de conductas que son señales de lo que está ocurriendo en nuestro temperamento. Entender que ciertas conductas son el reflejo de nuestro mundo emocional es clave para que los adultos aprendamos a ser educadores de las emociones en nuestros hijos y alumnos. Un profesor, una madre, un padre que aprenden a leer la rabieta de un niño pequeño en clave «ansiedad» o el mal talante de un adolescente en clave «disforia», adquieren una valiosa habilidad para conducir a los niños hacia una emocionalidad sana, esencial para crecer de forma integral. El común de las personas considera que esta destreza es privativa de los psicólogos, llamados a «interpretar» los misterios de la mente humana, mientras que padres y profesores están llamados a corregir conductas inapropiadas y premiar conductas deseables. Esta concepción simplista y pragmática de la educación emocional es la responsable de los grandes errores que se cometen a diario en la educación para la vida y contribuye a perpetuar los problemas de conducta infantil.

Cada dimensión está conformada por un nivel psicofísico, un nivel emocional propiamente dicho y un nivel cognitivo emocional, en una estratificación que va de lo elemental a lo complejo.

El nivel psicofísico:
Está constituido por fenómenos que ocurren en el plano de las sensaciones; son fenómenos elementales, básicos, relacionados con lo sensoriomotriz y visceral. Podemos situarlo en la interfase somática/cerebral, específicamente en sistemas del tronco cerebral, hipotálamo, parte del tálamo y parte del cerebelo.

A este nivel pertenecen fenómenos como la contracción dolorosa del colon, la contractura de ciertos músculos, como los del cuello o de la mandíbula, el aumento de las contracciones intestinales, el incremento de la frecuencia cardíaca (taquicardia) y/o de la frecuencia respiratoria, la vasodilatación de la piel, entre otros.

Ha llegado una nueva alumna y la maestra la ha sentado junto a Felipe. Desde el primer día, Felipe comenzó a experimentar súbitos cambios corporales: le bastaba mirar a su compañera para que su corazón comenzara a latir desaforadamente, y la sangre parecía agolparse en sus sienes. Lo peor sucedía cuando intentaba hablar: su boca estaba seca y las palabras se negaban a salir, de modo que tartamudeaba penosamente.

El nivel emocional:

Surge en el momento en que lo psicofísico es traducido a emociones específicas, las que son codificadas y archivadas para su ulterior reconocimiento. Ocupa extensas áreas del sistema límbico. Así la amígdala cerebral descodifica las sensaciones corporales y les asigna una valencia, la que puede ser positiva (alegría, quietud) o negativa (miedo, rabia). A partir de ese momento, una experiencia determinada y el cúmulo de sensaciones que se producen como respuesta a dicha experiencia, pasan a constituir una vivencia, que adquiere un sello particular, individual. Podríamos decir que la amígdala cerebral se encarga de adjetivar la vida, creando catálogos de emociones positivas y negativas; el hipocampo archiva dichas emociones, algunas de las cuales serán codificadas en un kárdex implícito, inaccesible a la conciencia de modo volitivo (a través de la voluntad), mientras que otras serán codificadas como memoria biográfica, episódica, susceptibles de ser evocadas y relatadas.

Las emociones archivadas de manera implícita no acceden a la conciencia cuando las solicitamos, pero suelen merodear por ella cual animales nocturnos, agazapándose en las imágenes oníricas que pueblan nuestros sueños cada noche; también se aparecen de día, disfrazadas en los llamados «lapsus» y «asociaciones libres» y pueden ser «extraídas» y traducidas al lenguaje de la conciencia a través de la hipnosis.

Han transcurrido algunos días y Felipe, quien solía quedarse enredado en las sábanas cada mañana argumentando que «odiaba el colegio», ha comenzado a madrugar; después de una ducha, se pone unas gotas del perfume de su papá y parte al colegio presuroso. Entrar en el aula y ocupar su puesto le llenan de una alegría desbordante que se reedita cada mañana y que alcanza niveles de dicha cuando Magdalena, la alumna nueva, entra en el aula y lo saluda con una sonrisa. Felipe ansía contarle un secreto, pero no se atreve: lleva varias noches soñando con ella. Elige entonces un camino indirecto para comunicarle su emoción: dibujar corazoncitos rojos en el cuaderno.

El nivel cognitivo emocional:

Surge cuando desde el sistema límbico se establecen extensas conexiones hacia la corteza cerebral, al modo de puertas que interconectan los dos primeros niveles, psicofísico y emocional, con la conciencia. En este nivel, las emociones son analizadas cognitivamente, se les asignan significados de vivencia y aquellas perdurables son archivadas como sentimientos. Entonces, podríamos definir «sentimiento» como un constructo consciente que integra elementos psicofísicos y emocionales con representaciones mentales, las que a su vez se nutren de elementos biográficos. Los sentimientos son universales, arquetípicos, pero son vivenciados en forma absolutamente individual.

Se aproxima fin de año y Felipe y Magdalena se han vuelto inseparables. Cogidos de la mano, hacen planes para el verano que se aproxima, y a quien quiera escucharlos le comunican que están enamorados.

Las dimensiones del temperamento son:

• La ansiedad
• Los impulsos
• El estado de ánimo y la capacidad de goce

La ansiedad

Se denomina ansiedad a una respuesta normal psicofisiológica que prepara al organismo para enfrentar situaciones potencialmente peligrosas, vividas como amenaza o riesgo, que son transitorias y permiten al organismo volver al estado de equilibrio. Es «normal» tener ansiedad; lo anormal es la magnitud o intensidad de la ansiedad en relación con el estímulo descodificado como peligroso.

La respuesta psicofisiológica denominada ansiedad tiene tres componentes: un nivel neurohormonal, representado por la liberación súbita e intensa de cortisol desde el eje hipotálamo-hipófiso-adrenal; un componente visceral, somático (activación somática de índole simpática a través de la adrenalina), y un componente cortical (hiperalerta por liberación de norarenalina). Paralelamente, se libera dopamina en los terminales neuronales del sistema administrador cognitivo y social, para permitir evaluar la situación, discernir inteligentemente el modo de afrontarlo (enfrentar *versus* escapar) y tener la iniciativa y decisión suficientes para actuar.

Pero la cascada de fenómenos químicos no acaba aquí. En diversos puntos del organismo tienen lugar otros cambios destinados a enfrentarse a la situación provocadora de ansiedad: se libera insulina para aumentar la disponibilidad de glucosa en las neuronas, músculos y corazón; se secretan endorfinas, que energizan el organismo y al mismo tiempo lo preparan para la calma que sigue al desafío; aumenta la disponibilidad de inmunoglobulinas, que lo fortalecen y simultáneamente estimulan la liberación de serotonina, la cual, en sinergia con las endorfinas, prepara los procesos de recuperación, disminuyendo la intensa liberación de noradrenalina en el cerebro. Si la situación ansiógena es afrontada con éxito y acaba siendo transitoria, todos estos cambios serán beneficiosos para el organismo, potenciando la capacidad de enfrentar situaciones futuras, ampliando el aprendizaje de conductas de afrontamiento e incrementando la inteligencia.

Nuestro organismo está sabiamente diseñado para afrontar estímulos ansiógenos transitorios de magnitud moderada, pero es frágil cuando dichos estímulos aumentan de intensidad, son inesperados o se prolongan excesivamente en el tiempo. El estrés que se hace crónico, sin dar tregua al organismo, empieza a producir un agotamiento y el nivel neuroquímico se desequilibra, con impactos en cadena: se echa mano a la serotonina para bloquear la intensa liberación de noradrenalina; aumenta la liberación de insulina y de sustancias inflamatorias; se eleva el colesterol, entre otros. Al disminuir la serotonina, aparecen las conductas impulsivas y compulsivas.

En el sistema límbico, específicamente en la amígdala, la ansiedad es codificada como miedo y archivada por el hipocampo en la memoria de largo término. Se guarda la emoción miedo asociada a los estímulos desencadenantes, de modo que cada vez que nuestro organismo se expone al estímulo generador de ansiedad, a partes de él o a su representación simbólica, se activa la respuesta de ansiedad, liberando cortisol y poniendo en marcha el sistema nervioso simpático, con liberación de adrenalina y noradrenalina. Si el archivo guarda engramas (unidades de memoria) asociados a emociones positivas, dicho recuerdo desencadenará las mismas conductas, y probablemente el resultado será igualmente exitoso. Pero si los engramas están asociados a sufrimiento intenso, fracaso, humillación, y otros, es probable que se desencadenen conductas destinadas a naufragar una vez más en el afrontamiento de la situación.

En el nivel cognitivo emocional, la ansiedad es recodificada y se asocia con experiencias biográficas, por lo que pasa a constituir un miedo propio, relacionado con la existencia individual, conocido como angustia. Así, ante el recuerdo de un acto heroico, de arrojo, de decisión, de tácticas audaces y originales, de estrategias inteligentes, en fin, de un conjunto de conductas que llevaron al éxito en el afrontamiento de la situación biográfica, el individuo abordará la angustia de forma «resiliente», es decir, con fortaleza y valor, mientras que memorias de episodios dolorosos (haber sido humillado, expuesto a la burla, al sometimiento por la fuerza) despiertan a nivel mental ideas de desvalorización, de inseguridad y de minusvalía que impiden a menudo actuar y afrontar la situación.

Roberto y Agustín son alumnos nuevos recién llegados al colegio. Roberto viene de otra ciudad y esta es la cuarta institución educativa a la que asiste, pues su padre es militar y cada cierto tiempo lo destinan a nuevas ciudades del país. Agustín ha sido expulsado del colegio anterior por mala conducta y bajo rendimiento. Ha logrado ingresar gracias a influencias de un pariente, ya que había sido rechazado en varios colegios, recibiendo opiniones muy adversas, del tipo «es un mal elemento», «no recibimos repetidores», etc.

El primer día de clase ambos están extraordinariamente ansiosos, pues les han dicho que el curso está muy unido y tiende a aislar a los recién llegados. Sin embargo, Roberto ya se ha granjeado la simpatía de los chicos gracias a sus habilidades deportivas y a su naturaleza afable y risueña, que ha ejercitado y cultivado en sus numerosos debuts como «alumno nuevo». En cambio, Agustín ha llegado receloso, esperando ser rechazado. Su ansiedad le ha jugado una mala pasada: algunos chicos se acercaron a conocerlo y los recibió con hostilidad y mal talante, siendo inmediatamente catalogado como «detestable».

Roberto superó con éxito el desafío de ser aceptado, mientras que Agustín vio cumplirse su profecía de que «nuevamente me rechazarán».

Los impulsos

Constituyen respuestas conductuales automáticas de las cuales el organismo echa mano cada vez que se ve enfrentado a desafíos de supervivencia. Se habla de «respuestas conductuales instintivas», y las principales son hambre, sed, impulso sexual (dirigido a la conservación de la vida) e impulso agresivo (orientado a la destrucción de otro o de sí mismo).

En el nivel psicofísico, constituyen sensaciones viscerales específicas en forma de excitaciones, que al llegar al sistema límbico son descodificadas y se les asigna una valencia también específica (deseos, motivaciones primarias que llaman a ingerir alimentos o agua, a aparearse, a agredir o a agredirse). Pueden ser provocadas internamente, ya sea por abstinencia forzada, por acción neurohormonal, por sustancias químicas, o también se activan desde otras dimensiones como, por ejemplo, por ansiedad, por exaltación anímica o por estímulos externos como señales olfativas o visuales.

Un tipo particular de ansiedad, conocida como «persecutoria», caracterizada por la presencia constante y perturbadora de una percepción extrema de amenaza de la cual hay que huir o defenderse, provoca las reacciones impulsivas más extremas (suicidio, homicidio, violación).

En el nivel cognitivo emocional, los instintos son integrados a la conciencia de inmediato y transformados en apetitos íntimamente relacionados con experiencias pasadas, motivaciones del yo o ideación mental, sometidos a la censura moral (principios éticos, valores, restricciones religiosas).

Los principales neurorreguladores de los impulsos son la serotonina, la dopamina y las neurohormonas, especialmente las hormonas gonadales: testosterona y estrógenos. Niveles bajos de estrógenos, de dopamina o de serotonina, así como niveles elevados de testosterona, facilitan estas respuestas primarias, otorgándoles una intensidad inusitada que impide que accedan a la conciencia, transformándose en conductas impulsivas que suelen dejar una estela de consecuencias negativas a su paso. Así, la disminución de los niveles de serotonina en un episodio depresivo, de estrógenos en la fase premenstrual de la adolescente o el alza de la testosterona en un varón púber, explican la exacerbación de conductas impulsivas como los atracones de comida (conducta bulímica), la agresión verbal o física, el mal talante o la conducta masturbatoria entre otros.

> Catalina tiene diecisiete años. Los tres primeros meses de escuela se mostró entusiasta y motivada para trabajar, obteniendo muy buenas calificaciones. En el informe de personalidad se destacó su compañerismo, buena disposición, sentido del humor y amabilidad. Sin embargo, entre junio y julio Catalina sufre un cambio radical: sube mucho de peso, tornándose adicta al chocolate que come de manera compulsiva. Su naturaleza amable y risueña cede paso a un mal talante permanente y en casa se muestra insolente, protesta por todo con gritos destemplados y palabrotas, en especial cuando su madre la reprende por dormir interminables siestas. Sus notas bajan peligrosamente.

Catalina presenta un episodio depresivo estacional, caracterizado por un déficit de serotonina; aparecen conductas impulsivas, pierde la alegría y aumenta su necesidad de sueño a tal punto que duerme en exceso durante el día.

El estado de ánimo y la capacidad de goce

El estado de ánimo o humor se refiere a una sensación subjetiva de bienestar físico (corporal, inmunológico, hormonal) y psíquico (mental) que se mantiene en el tiempo y es relativamente independiente de los estímulos externos. Un estado de ánimo adecuado se denomina eutimia, mientras que un declive pasajero del humor se denomina disforia; un descenso persistente en el tiempo y un humor depresivo se llama distimia. El aumento excesivo del ánimo se denomina humor expansivo, euforia, hipertimia, estado maniforme, hipomanía, manía. La mayoría de los seres humanos en condiciones estables de vida es eutímica; una minoría tiene un estado de ánimo en oscilación permanente, son los llamados ciclotímicos, y un número aún menor oscila de forma extrema entre el humor francamente depresivo y el humor expansivo leve (hipomanía) o severo (manía), constituyendo el denominado espectro bipolar.

El estado de ánimo es muy sensible al estrés, ya que la serotonina —su principal neurorregulador— es el modulador de la ansiedad, de modo que sus reservas se van agotando cuando tiene que regular la excesiva liberación de noradrenalina en situaciones de mucho estrés o estrés prolongado. Por otra parte, la síntesis de serotonina está unida a la síntesis de endorfinas, de tal modo que disminuciones de los niveles de serotonina implican descenso de los niveles de endorfinas (neurohormonas cuyo principal papel es modular el estado de bienestar, la quietud psíquica y atenuar la percepción del dolor). El estado de ánimo es también extremadamente sensible a modificaciones neuroquímicas derivadas del ambiente, como alimentos, medicamentos y drogas.

El estado anímico se relaciona de modo estrecho con la capacidad de goce. Esta capacidad primaria de nuestra vida emocional tiene su asiento anatómico en un sistema neuronal llamado «núcleo accumbens», el cual posee una rica red de neuronas dopaminérgicas conectadas profusamente con el sistema límbico. Este sistema neuronal es conocido como «sistema de la gratificación». Cada vez que se experimenta una emoción positiva, esta activa el núcleo accumbens, donde se liberan grandes cantidades de dopamina, estableciéndose un circuito que induce a repetir la experiencia. El núcleo accumbens del ser humano es activado intensamente por las emociones positivas derivadas de las experiencias de vinculación, de las estéticas y espirituales, y del íntimo contacto con el entorno natural.

La capacidad de disfrutar se puede perder por diversos motivos, como daños tempranos a las estructuras del sistema límbico o estados depresivos crónicos. Cuando ello ocurre, el niño o el adulto queda bloqueado en su capacidad de experimentar emociones positivas frente a las experiencias antes descritas. Esta incapacidad provoca intenso dolor psíquico y desencadena una búsqueda compulsiva de fuentes artificiales de goce que logren reactivar el sistema neuronal de la gratificación. Aparece así el consumismo desenfrenado, el placer sexual desprovisto de afectividad, el consumo excesivo de sustancias químicas como el alcohol o adictivos, el juego compulsivo, y otros, todo lo cual se agrupa bajo el término de «búsqueda de sensaciones», que alude a los desesperados intentos por experimentar goce. Por desgracia, al estar dañado el sistema de la gratificación, este goce es momentáneo, efímero y al cabo de poco tiempo sobreviene el tedio, el descontento, la ansiedad por «hallar lo que he perdido y que no sé qué es», llevando entonces a procurarse placeres artificiales. La adicción a los juegos de consola o a la televisión es a menudo una señal de que el niño o el adolescente ha perdido la capacidad natural y sana de goce y está pidiendo ayuda de forma desesperada.

El estado de ánimo sano se relaciona con emociones primarias como la alegría de vivir, la curiosidad, la motivación, la capacidad de disfrutar. Estas emociones están archivadas en el hipocampo y a disposición del individuo para su reedición. Las alteraciones del estado de ánimo se acompañan de emocionalidad negativa: abatimiento, ira, desinterés, anhedonia o falta de capacidad de goce, o euforia desatinada e inclinación impulsiva hacia el riesgo.

A nivel cognitivo emocional, el estado de ánimo se traduce en sentimientos y actitudes existenciales, es decir, la alegría de vivir se transforma en optimismo, generosidad, bondad, altruismo, entrega, desprendimiento, amor compasivo; la motivación se traduce en inquietud intelectual, creatividad, apertura y fertilidad cognitiva, en inclinación hacia lo novedoso, en embarcarse en nuevas tareas con excitado afán, mientras que la capacidad de goce se refina hasta el punto de que el espíritu se abre a la trascendencia y a la infinita belleza de lo simple y de lo natural. Por el contrario, las alteraciones del estado de ánimo se traducen a nivel cognitivo emocional en egotismo, egocentrismo o egolatría, pesimismo o excesiva confianza sin límites razonables, insatisfacción o búsqueda compulsiva de satisfacciones pasajeras, tedio, egoísmo, envidia, rencor, desinterés por crecer intelectualmente, apatía. El individuo (niño o adulto) con un compromiso del estado de ánimo es quejumbroso, demandante, insatisfecho, con inclinación a la excesiva e intensa frustración frente a los contratiempos. La pérdida de la capacidad de disfrutar impide ver la belleza de lo simple, conduciendo al individuo a la búsqueda de gratificaciones intensas y artificiales en el ámbito del consumo de bienes materiales, de alimentos, de sexo sin compromiso afectivo, de drogas adictivas.

Ernesto tiene diecinueve años y es el mayor de tres hermanos. Su presencia en casa es causa permanente de estrés, ya que se muestra tiránico con los menores, agresivo, insolente, exigente y egocéntrico. Demandante y quejoso, protesta porque a él siempre le corresponde ceder (lo cual no es cierto) y jamás está satisfecho; es violento con sus hermanos y con su novia, y suele beber alcohol en exceso. Sus padres recuerdan que Ernesto fue «un niño maravilloso» hasta los siete años de edad, pero cambió mucho cuando murió su abuelo en un accidente de tractor. Iban juntos en el vehículo y mientras que el abuelo perdió la vida, el chico quedó ileso. Con posterioridad a la tragedia, Ernesto se tornó silencioso y melancólico, pero años después su naturaleza cambió, volviéndose «violento, rabioso e intratable», rasgos que fueron adjudicados a la edad adolescente.

En realidad, Ernesto nunca pudo recuperarse del duelo y fue perdiendo paulatinamente el goce de vivir. Su insatisfacción, mal talante y fácil agresividad son expresión de una incapacidad para disfrutar crónica.

Siendo el temperamento nuestra impronta genética, es fácil entender que cada niño y cada adulto posee una organización temperamental singular, la que se organiza en torno a los tres elementos esenciales: la ansiedad, los impulsos y el estado anímico/capacidad de goce. Entre niños de temperamento armónico y estable encontraremos entonces algunos de temperamento ansioso, otros de temperamento impulsivo, irreflexivo y, finalmente, chicos disfóricos, intolerantes a las frustraciones, rabiosos, insatisfechos y con tendencia al pesimismo. Basta mirar a sus parientes para darse cuenta de que esos rasgos no constituyen una psicopatología, sino que son, simplemente, rasgos temperamentales esperables. El temperamento humano se organiza en un continuo que va de «fácil» a «difícil», y estas categorías no son algo inocente a la hora de educar las emociones, como veremos más adelante.

b. El «cerebro social»

Los desafíos que representa la dimensión humana social son de una extraordinaria complejidad, de modo que en su evolución el cerebro fue desarrollando ciertas funciones esenciales para moverse en el mundo de lo social. Ellas comienzan a madurar tempranamente, durante los primeros cinco años, alcanzando una plena expresión después de la pubertad. Son los responsables de administrar las habilidades comunicativas: mirada, interés y empatía interaccional, gestos, movimientos y calificadores vocales, con el objetivo de perfeccionar las estrategias de adaptación social. Constituyen la dimensión metacognitiva de la denominada inteligencia emocional y se estructuran en torno a una habilidad que ha sido comparada a un sentido que percibe (visión, audición, olfato) el mundo y permite conocerlo y adaptarse a él. Esta habilidad es la intuición, escasamente valorada por la psicología tradicional pero esencial en la capacidad humana de adaptarse a la cambiante y desafiante experiencia de lo social. La intuición resume en una sola gran dimensión las habilidades al servicio de la relación interpersonal: la capacidad de leer información emocional de forma rápida y actuar sobre la marcha, antes de que los mecanismos reflexivos entren en acción.

Pragmática:
Es la capacidad de adecuar las estrategias comunicativas al contexto, representado por los otros y por el entorno donde se desarrolla el intercambio comunicativo. La pragmática es un conjunto de funciones que inician su maduración durante los primeros cinco años de vida, alcanzando la cima de desarrollo durante la pubertad, cuando adquieren el sello propiamente metacognitivo. Tienen su asiento en los circuitos de la corteza prefrontal, especialmente del hemisferio derecho, en íntima conexión con circuitos de la vida emocional. La pragmática incluye las siguientes funciones:

• **Respetar turnos de habla:** En lingüística se habla de «reglas emisor/receptor» y consiste en modular la emisión de mensajes verbales/no verbales de acuerdo con las emisiones de los otros participantes en el evento interaccional. El niño debe aprender a guardar un silencio atento y/o a no emitir señales no verbales como bostezos, gestos o cambios en la dinámica del espacio (volver la espalda, por ejemplo) mientras el otro está hablando.

• **Adecuación del discurso:** La expresión verbal debe estar modulada por el contexto humano y del entorno.

• **Mentalización o teoría de la mente:** El término «teoría de la mente» (*Theory of Mind* o ToM) fue acuñado por Premack y Woodruff en 1978. Definieron que «el individuo es capaz de atribuir estados mentales a sí mismo y a los demás», designándolo como «teoría» por tratarse de un proceso no observable directamente y porque el sistema podía utilizarse para hacer predicciones acerca de la conducta de otros organismos.

El cerebro humano posee la capacidad de realizar inferencias acerca de los estados mentales implícitos propios y de los otros; inferir intenciones, deseos, sentimientos, emociones, propósitos, cuyo denominador común es no ser explícitamente comunicado. La mentalización —mal denominada «teoría de la mente» por quienes plantearon su existencia como dimensión metacognitiva humana—, en el sentido de una capacidad innata para elaborar teorías acerca de los estados mentales, es una función llevada a cabo por circuitos prefrontales del hemisferio derecho. Esta habilidad comienza a insinuarse alrededor de los tres años de edad, cuando algunos niños ya son capaces de dirigir su conducta según inferencias que elaboran acerca de los estados mentales de los otros. Estas inferencias son débiles y pueden ser fácilmente derribadas por el adulto cuando este percibe que el niño está acomodando su conducta a lo que cree inferir respecto de las intenciones y/o deseos de ese adulto.

La pragmática verbal, contextual y la capacidad de mentalizar son habilidades humanas sustentadas en funciones corticales prefrontales, pero su desarrollo y nivel de competencia dependen estrechamente de estímulos formativos y educativos, tanto por modelado como a través de técnicas de educación para la vida.

Andrés, de cinco años, y Claudio, de siete, son hermanos. Los domingos suelen visitar a sus abuelos después de misa. La abuela ha sufrido una fractura de cadera y está en cama. Ese domingo llegan los chicos y es Andrés quien va a saludarla primero. Cariñosamente, la abraza, se interesa con dulzura por su cadera, indagando si le duele mucho, mientras le besa tiernamente las manos. Por fin, con timidez le pregunta si todavía tiene guardados en la mesilla de noche «esas deliciosas chocolatinas a que le convidó el domingo anterior». La abuela, conquistada por la gentileza de su pequeño nieto, abre el cajón de la mesilla de noche y le ofrece algunas chocolatinas que Andrés acepta con una gran sonrisa. Poco después Claudio entra en el dormitorio, trepa a la cama de la abuela y le grita de forma destemplada «abu, dame chocolatinas». Sin esperar a que la anciana tome la iniciativa, el chico se abalanza sobre el cajón de la mesilla de noche, coge la preciada chocolatina y escapa velozmente. La abuela se lleva un disgusto.

En esta historia vemos las diferencias en el cerebro social de cada chico. Andrés, a pesar de su corta edad, es reflexivo y sabe adecuar su conducta al contexto, mostrándose amable y cariñoso con la anciana, simulando poco interés en las chocolatinas. En cambio Claudio, a pesar de ser mayor, se muestra impulsivo, poco pragmático e incapaz de leer los mensajes de disgusto de la abuela. Sin duda alguna, Claudio podría ser catalogado por algún adulto como «mal educado».

Autocontrol:
Los desafíos intelectuales y sociales exigen mantener a raya las emociones. Argumentar en un debate o hacerse con un nuevo amigo pueden convertirse en un estrepitoso fracaso si nos dejamos dominar por la ansiedad, la ira o el miedo. A menudo nos vemos enfrentados al hecho de posponer una gratificación inmediata porque nos espera una mayor en un futuro cercano, y esta renuncia también exige un autocontrol de la frustración y del conflicto entre deseos opuestos. Las emociones tienden a inundarnos, al modo de una energía que se resiste a ser anulada o canalizada; debemos hacer un esfuerzo consciente por darles un cauce, liberándolas en un momento ulterior más propicio. La ausencia de autocontrol determina conductas reactivas, mientras que su desarrollo madurativo garantiza una conducta progresivamente más autorregulada, al servicio de la adaptación.

El autocontrol como recurso de administración puede dividirse en dos vertientes complementarias:

• El primero es el autocontrol sustentado en estrategias de análisis verbal de la situación, que pone en marcha la memoria de experiencias pasadas como marco de comparación y toma de decisiones. Es llevado a cabo por circuitos prefrontales del hemisferio izquierdo. Corresponde a lo que denominamos voluntad y constituye uno de los ejes en torno a los cuales se articula la inteligencia emocional. Desde un punto de vista histórico, probablemente ha constituido una piedra angular en el avance de la civilización.

• El segundo es el autocontrol como inhibición o retardo de conductas, llevado a cabo por circuitos prefrontales derechos. Este último tipo de autocontrol es muy rápido, innato, orientado a la supervivencia, actúa de forma automática, a diferencia del primero, que es analítico, requiere de cierto tiempo de procesamiento (reflexión) y es dependiente de la experiencia.

Ana María tiene doce años y juega al hockey. Una tarde de invierno regresaba a casa caminando cuando súbitamente percibió que alguien se acercaba sigilosamente por detrás. Sin pensarlo, blandió el palo de hockey y le asestó un fuerte golpe en el hombro a quien la seguía, para luego escapar a toda carrera. El supuesto perseguidor resultó ser su vecino, un anciano bonachón que había apurado el paso para acompañar a la chica cuando la vio caminar sola por una calle poco iluminada. Ana María no evaluó cognitivamente su decisión de agredir: esta fue una conducta automática al servicio de la supervivencia.

Juan tiene trece años. El profesor de educación física se ha mostrado irónico y burlón al comprobar que trepar por la cuerda le produce a Juan un vértigo incontrolable que lo paraliza. Le ha dicho en tono despectivo que «como pirata habría sido apenas cocinero, porque ni pensar en que saltara al abordaje». Juan escucha al profesor y hierve de ira y vergüenza al verse humillado frente a sus compañeros. Siente el impulso de defenderse mostrándose descortés y agresivo con el profesor; algunas palabrotas intentan escapar de su boca. Sin embargo, Juan piensa en las consecuencias que podría acarrearle su protesta; sabe que no va bien en matemáticas y ciencias, de modo que granjearse la antipatía del profesor podría costarle muy caro. Y guarda silencio, tragándose la ira.

En el caso de Juan, el autocontrol ha sido cognitivo; en pocos segundos ha logrado evaluar su situación, calibrar los costos y beneficios que podría acarrearle un exabrupto y, sobre la base de esa reflexión evaluativa, optar por guardar silencio. Por el contrario, Ana María no se ha permitido evaluar previamente la situación; hacerlo ponía en peligro su supervivencia.

c. El carácter

La vida impone desafíos al niño desde muy temprano. El mayor o menor grado de éxito a la hora de afrontar dichos desafíos depende de una dimensión de la personalidad humana denominada carácter, la cual —a diferencia del temperamento, que es la dimensión biológica, innata de la personalidad— ha de ser modelada a través de una formación sistemática y dirigida de modo específico al objetivo. Poseer carácter es disponer de un conjunto de destrezas que otorgan solidez, consistencia y objetividad a la conducta humana, provocando en los demás una suerte de confianza y de certera fe. Si los talentos cognitivos y sociales colocan a un niño en la senda del éxito, será su carácter lo que le conduzca a la meta, evitando que abandone o se desvíe a medio camino.

La formación del carácter se sustenta en la presencia de ese conjunto de funciones destinadas a administrar de modo eficiente los talentos cognitivos y sociales, pero depende de modo muy íntimo de un mediador, de un educador del carácter.

El carácter es una dimensión psicológica que incluye un conjunto de ideas, conceptos, sentimientos y comportamientos cuyo sello distintivo es la fortaleza para afrontar los desafíos y llegar a la meta. Tener carácter es:

- Poseer una firme determinación —➤ **voluntad**
- Ser perseverante —➤ **tesón**
- Saber posponer gratificaciones inmediatas en pos de un objetivo mediato —➤ **sacrificio**
- Hacerse cargo de las consecuencias de cada acción —➤ **responsabilidad**
- Responder al cien por cien a cada obligación asumida, sin dilaciones ni justificaciones —➤ **compromiso**
- Evaluar la marcha de una determinada conducta en pos de un objetivo con la máxima imparcialidad —➤ **objetividad**
- No claudicar en nuestras opciones si estas se sustentan en convicciones —➤ **consecuencia en el actuar**
- No amedrentarse si se tiene una meta —➤ **coraje**
- Saber detenerse si se comprueba un error, especialmente si este error puede ser dañino para terceros —➤ **honestidad**

Emociones y dimensiones de la personalidad

La vida es un continuo sucederse de cambios que provocan respuestas en el organismo. Estas se organizan desde un nivel básico, psicofísico, en la forma de sensaciones viscerales y musculares que se producen con una determinada intensidad, pasando por el nivel emocional, con una valencia positiva *versus* negativa, adjudicada por la actividad de la amígdala cerebral y codificada en la memoria por el hipocampo. En este nivel, las emociones están ocurriendo permanentemente, activadas tanto por las experiencias como por los recuerdos, incluso durante el sueño. Las dimensiones del temperamento «resuenan» con dichas emociones, generando respuestas de ansiedad, impulsos y desestabilizando el estado anímico. Finalmente, a través de las «puertas» de acceso a la conciencia, las emociones acceden a la corteza cerebral y se elaboran, se integran, pasan a formar parte de la personalidad y de la identidad de ese niño, son comparadas con experiencias pasadas gracias a la memoria biográfica, y organizadas en torno al yo. Surgen así los sentimientos, que se van estratificando a lo largo del desarrollo, en parte activados por la particular organización cognitiva del niño y, en parte, no menos importante, por el modelado de las experiencias. Aquí se encuentran desde los primarios sentimientos de afecto de un niño pequeño hacia sus padres y familiares, pasando por sentimientos como la autoestima, la amistad o la generosidad, hasta llegar a sentimientos elevados, propios de la dimensión espiritual humana, como la solidaridad, el amor compasivo, la entrega, el desprendimiento.

Pero no solo existen sentimientos positivos. Como veíamos anteriormente, la envidia, el encono, el resentimiento, el deseo de daño, de venganza, son sentimientos que arraigan profundamente en un niño que ha vivido experiencias adversas tempranamente y/o que posee una particular organización cognitiva.

Un niño cuya personalidad favorece la temprana capacidad reflexiva (talento intrapersonal) y que ha crecido en un hogar donde se inculca a los niños desde muy pequeños el valor de la generosidad, desarrollará con mucha espontaneidad sentimientos prosociales como el compañerismo, y probablemente sus pares lo premien cada fin de año eligiéndolo el mejor compañero; en cambio, su hermano mayor, impulsivo desde pequeño y con tendencia a la disforia, desarrolla, también tempranamente, sentimientos de ser postergado, de envidia y de egoísmo, facilitados por la actitud de sus padres, quienes lo reprenden por su egoísmo y lo comparan con su hermano menor.

La estructura de personalidad determina en parte el estilo individual de regulación emocional, en la forma de esquemas internos de modulación del temperamento. Rasgos determinantes de introversión-extraversión determinarán distintos modos de regular la ansiedad, de afrontar los conflictos y de apertura a lo nuevo, mientras que la dimensión neuroticismo-psicoticismo influirá en las modalidades de estructuración de psicopatología como respuesta al estrés.

Los mellizos Eugenio y Bastián, de once años, y Martina, de cuatro, son hermanos. Bastián tuvo un sufrimiento fetal y presenta una parálisis cerebral leve. Eugenio es un chico de naturaleza introvertida, reflexivo y bondadoso. En el colegio es conocido por su actitud conciliadora. Martina es muy sociable, inquieta, impulsiva, negativa y vehemente. Cuando regresan de vacaciones, la familia sufre un accidente automovilístico, resultando todos ilesos menos el padre, que debe ser hospitalizado por un traumatismo encefalo-craneano y fracturas múltiples. Durante los siguientes días la vida familiar se ve alterada por la incertidumbre en relación con la salud del padre, que permanece inconsciente. La madre está muy ansiosa y consume medicamentos en exceso que le producen somnolencia e irritabilidad. Martina se torna progresivamente más inquieta, airada y negativa; las pataletas son intensas y ocurren por cualquier motivo, exasperando a la madre, quien comienza a castigarla físicamente. Bastián desarrolla una obsesión con el calentamiento global del planeta, asegurando que van a ocurrir desastres tremendos; pasa horas mirando la televisión en busca de programas que informen sobre el deshielo de los glaciares o de las inundaciones en la India. Aparece insomnio, pesadillas vívidas y se torna extraordinariamente ansioso. Eugenio, por el contrario, parece cada día más juicioso; se preocupa de atender los caprichos de Martina, consuela a Bastián cuando este no puede dormir por miedo a las inundaciones y tormentas, y procura que su madre tenga el tiempo necesario para visitar a su esposo cada día. Parece incansable, a pesar de un súbito empeoramiento del asma que lo aqueja desde pequeño.

En esta historia vemos que el estrés es vivido de distinta manera según los rasgos de personalidad y el nivel de resiliencia de cada niño. Martina, de temperamento impulsivo y personalidad extrovertida, reacciona exteriorizando su ansiedad en la forma de rabietas y oposicionismo. Bastián, biológicamente vulnerable, desarrolla un cuadro ansioso severo de tipo obsesivo, mientras que Eugenio, de temperamento estable y personalidad madura, se sobreadapta a la situación, y su ansiedad y temor por la salud del padre se somatizan empeorando el asma.

Ciertas dimensiones de la personalidad desempeñan, asimismo, un papel crucial en la estructuración de las emociones a nivel cognitivo. Entre ellas destacan la autoestima, la atribucionalidad y el locus de control.

Autoestima:

Es un factor nuclear en la autoimagen y se construye sobre la base de dos sentimientos: el del propio valer y el del propio poder. El primero apunta a que el niño siente que posee un valor, un «precio» en sentido figurado, que es fijado por los demás sobre la base de las cualidades y talentos que le reconocen. El segundo sentimiento se construye sobre la percepción de ser capaz de generar cambios positivos en uno mismo, los cuales también pueden cambiar a los demás.

No hay duda de que la autoestima infantil es refleja, es decir, se construye a través del «verse» en las actitudes y comentarios de los otros. Podemos deducir que el 30 por ciento de la autoestima de un chico va a construirse sobre la base de los comentarios y opiniones que escucha acerca de él («es tan servicial...», «es tan alegre...», «es el más cariñoso de mis hijos...», «sus trabajos siempre destacan por lo originales y bien escritos...») y un 70 por ciento sobre la base de la información no verbal, especialmente actitudes, gestos y dinámicas comunicacionales.

> Sofía, de cinco años, realiza un hermoso dibujo en el jardín de infancia que la educadora alaba de forma entusiasta. Sin embargo, Sofía asegura que sus dibujos son muy feos: «Yo le muestro mis dibujos a papá y él dice que son bonitos, pero no es cierto porque me lo dice sin mirarme mientras habla por el móvil.»

Sofía asigna valor a la actitud del padre y no a las palabras de este; ella espera una valoración genuina, cálida, cariñosa, cercana, desestimando los comentarios como vehículos de auténtico cariño paternal.

Atribucionalidad:

Las acciones generan consecuencias, de modo que el crecimiento emocional o madurez requiere ser capaz de tomar distancia mental en una determinada situación en la cual la persona ha participado directamente, para analizarla, reflexionar, aprender de las experiencias pasadas, saber reconocer el grado de responsabilidad propia en determinadas circunstancias, y establecer nexos de causalidad entre actos y consecuencias. Todos estos son recursos de adaptación que se sustentan en un adecuado funcionamiento de la memoria de trabajo y del autocontrol; se produce un rastreo en la memoria autobiográfica, en los archivos relacionados con el corpus de valores y el sistema de normas y límites adquirido a través del desarrollo, para permitir que el niño asuma flexiblemente la responsabilidad de sus acciones y optimice sus recursos de adaptación.

Ignacio, de doce años, ha sido reiteradamente advertido por su madre respecto de que no descuide su bicicleta nueva cuando va a reunirse con sus amigos en la plaza cercana, ya que hace unos meses le han robado la bici que había recibido por su cumpleaños. Una tarde de sábado, los amigos organizan un partido de fútbol y le piden que sea el portero. Ignacio se entusiasma de inmediato, pero evalúa objetivamente la situación: deberá dejar la bicicleta apoyada en una columna y el riesgo de que se la roben es muy grande. Después de luchar durante unos minutos con el conflicto entre ceder a su deseo de jugar *versus* su responsabilidad, opta por regresar a casa, guardar su bicicleta y regresar a pie a la plaza.

Rosario tiene catorce años y un miércoles una amiga la invita al cine; la madre no está convencida de permitirle ir, pues el viernes Rosario tiene una prueba de matemáticas y no la ha visto estudiar. Pero cede a los ruegos de la chica y le da el permiso. Rosario regresa tarde ese día y el jueves dedica muy poco tiempo al estudio. Una semana después llega con un suspenso en dicha prueba, que adjudica airadamente a que «la profesora siempre me ha tenido antipatía».

En este caso vemos que Rosario, a pesar de su edad, aún no ha aprendido a establecer nexos entre conductas y consecuencias: incapaz de posponer una gratificación inmediata (ir al cine entre semana), sacrifica el estudio y, en vez de asumir que no estudiar lo suficiente ha sido clave en sus magros resultados, prefiere culpar a la profesora.

Locus de control:

Entre los siete y los diez años, fase denominada «de latencia», la familia, los niños reciben de la escuela y la comunidad un corpus de normas, valores y principios que gradualmente internalizarán como propios, y que serán más o menos sólidos según la consistencia, sistematización y autenticidad de los agentes educativos. En otras palabras, el niño más veraz, recto, honesto, solidario e íntegro no es sino el feliz reflejo de padres, hermanos y maestros veraces, rectos y honestos. Si a este corpus valórico se añade una formación religiosa, el desarrollo moral ya estará prácticamente instituido cuando el niño llegue a la edad puberal. Algo similar ocurre con la obediencia frente a los límites impuestos por sus padres, los que idealmente deberían conformar un corpus flexible de reglas establecido con criterios de protección y favorecedores de una socialización adecuada.

La atribucionalidad y el locus de control son las dimensiones más claras en lo que se refiere a mostrar el nivel de madurez emocional de un chico. Aquel que no reflexiona, que es impulsivo y que no logra tomar la necesaria distancia mental de los hechos para proceder a entenderlos, integrarlos y elaborar conclusiones, es un chico que tarda enormemente en adquirir un corpus valórico firme y consistente. Por el contrario, permanece largos años atado al «principio de la obediencia impuesta», merced al cual solo se va a someter a normas y principios éticos por temor a las sanciones, pero va a transgredirlos cada vez que desaparezca el riesgo de ser sancionado.

Locus de control es el proceso por el cual el niño regula socialmente su conducta. Un locus interno refleja una adecuada internalización de los principios valóricos, morales y de crianza que el medio le ha entregado. Se podría decir que, a través de este proceso, el niño deja atrás la libertad primaria propia del preescolar que le permitía dar rienda suelta a sus impulsos y adquiere una segunda libertad, de tipo social, en la cual se rige por acuerdos y convenciones que acepta como propios. En cambio, un chico con locus de control externo se queda en la libertad primaria, sujeto al dictado de sus impulsos, y solo obedece las normas, los límites y las convenciones morales por temor a ser castigado, pero sin entenderlos ni hacerlos suyos.

Marcelo, Enrique, Nicolás y Matías tienen trece años y son vecinos en una urbanización. Una tarde, Nicolás es convocado por sus amigos a un rincón apartado, donde lo invitan a fumar marihuana. Nicolás vacila, recordando las conversaciones que ha mantenido con sus padres acerca de la libertad de negarse cuando una determinada decisión colisiona con sus principios éticos. Al cabo de un instante rechaza la invitación aceptando resignadamente los juicios despectivos de sus amigos, quienes lo llaman cobarde, y decide regresar a casa. Lo invade una gran tranquilidad, sabe que ha optado por lo correcto y se siente libre, sin importarle las burlas de los otros chicos. Marcelo, algo menor, opta también por regresar a casa; por el camino, le comenta a Nicolás: «Yo hubiera probado, pero me da miedo que mis viejos me pillen... la semana que viene se van de viaje, entonces sí que voy a fumar con mis amigos.»

En este ejemplo vemos que uno de los chicos guía su conducta desde lo valórico, es reflexivo, considera los consejos de sus padres y se siente libre de tomar una decisión movido por sus principios; en cambio, Marcelo se guía por la obediencia impuesta: cuando esta desaparece —los padres se van de viaje— la situación deja de tener una connotación de riesgo. El chico aún no internaliza principios éticos.

La agresividad surge del miedo y de la rabia

Desde los primeros tiempos del hombre sobre la Tierra, las emociones y sentimientos negativos primarios, como la ira y el miedo, están indisolublemente ligados a la agresividad, una compleja dimensión emocional orientada a la supervivencia y, tal vez, uno de los más potentes motores evolutivos biológicos. La agresividad desencadena comportamientos de daño, conocidos como agresión o conducta agresiva.

Siendo la agresividad un impulso, está muy expuesta a aparecer en la forma de conducta agresiva en los niños pequeños, en los inmaduros y en aquellos que presentan alguna disfunción cerebral. Como la agresividad es una dimensión emocional muy antigua, escrita en clave biológica de supervivencia y de adaptación al medio, se activa «por defecto», es decir, de forma instantánea, súbita, sin mediación de tiempo ni de elaboración consciente, en las siguientes situaciones:

• **La excesiva ansiedad impide discernir:** Discernir si la situación justifica el ponerse en guardia y movilizar energía agresiva para atacar o defenderse exige una mente suficientemente fría, capaz de seleccionar, evaluar y decidir, antes de actuar. Una mente fría es una mente que posee eficiencia analítica. El principal enemigo del discernimiento como estrategia de autocontrol de la agresividad es el estrés excesivo, generador de una ansiedad igualmente excesiva. La intensa alerta cerebral que provoca este estrés actúa como una luz cegadora que impide ver y evaluar la situación. En este estado de alerta máxima, el niño es incapaz de un autocontrol reflexivo, apareciendo la conducta agresiva, que puede ser dirigida contra sí mismo o contra otro.

> Alexis, de trece años, presenta el síndrome de Asperger. Ha ingresado en un nuevo colegio y está muy asustado en medio de un aula atestada de ruidosos chicos. Cuando llega la hora del recreo, Alexis se esconde tras una cortina para no ser arrastrado al patio por esos chicos que le provocan pánico. Pero tres compañeros lo han visto ocultarse y lo aferran con fuerza envolviéndolo en la cortina mientras ríen gozosamente con su broma. Alexis pierde el control; presa del pánico, muerde rabiosamente la mano de uno de los chicos y escapa intentando saltar la verja del colegio. El portero logra

impedir su fuga, y el director decide imponerle una sanción, aduciendo que es un chico inusitadamente agresivo y «antisocial» y que debe ser atendido por un psiquiatra como condición para volver al colegio.

Los niños Asperger no saben descodificar las claves emocionales implícitas: los chicos que deciden envolver a Alexis en la cortina no buscaban hacerle daño, era una broma, un intento de establecer un juego con el alumno nuevo. Pero Alexis no puede descodificar la conducta de los chicos como broma o juego, descodificándola como agresión, lo cual lo lleva a atacar y luego a huir.

• **Defensa territorial:** Entre el nacimiento y el período que va de los ocho a diez meses de edad, el niño no discrimina entre conocidos y desconocidos. Sonríe de forma abierta a todo el mundo, tiende sus bracitos y acepta con placer las caricias de quien se cruza en su camino. A partir de esa edad, surge el temor a los desconocidos y el que fuera un sociable bebé da paso a uno cauteloso, que esconde su rostro en el cuello de su madre, asustado, cuando un extraño intenta cogerlo en brazos. Desde ese momento, y gracias a la maduración de estructuras cerebrales específicas, el niño, y más adelante el adulto, reaccionará experimentando una intensa agresividad cuando su territorio (su casa, sus juguetes) sea invadido por un extraño. Serán las reacciones amistosas del extraño —como la sonrisa amplia, mirada transparente y actitud relajada, las que también se activan «por defecto» o conscientemente al percibir una agresión inminente— las que neutralizarán el torrente agresivo que amenaza con convertirse en conductas de daño y darán tiempo para que se organice una elaboración consciente y un inmediato «cambio de programa». Pero en vez de sonrisas y de miradas claras si el extraño muestra un ceño fruncido, ojos acerados, boca fuertemente apretada y actitud tensa y alerta, no se producirá una neutralización sino una potenciación de la agresividad, emergiendo entonces un repertorio de conductas de daño dependientes de la edad, del género y de otros factores, como el efecto de las drogas en los adolescentes.

> Raúl tiene siete años. Su padre le ha regalado una Gameboy que Raúl decide llevar al colegio el primer día de clase. Incapaz de tolerar la excitación que le provoca su juguete nuevo, lo enciende y comienza a jugar a escondidas en clase. Pero la nueva maestra lo descubre y le ordena que lo guarde de inmediato. Raúl se hace el sordo; después de varias advertencias, la maestra ya está suficientemente ofuscada. Se siente observada por el resto de los chicos y no desea perder autoridad, sobre todo en el primer día de clase, de modo que se acerca a Raúl con expresión airada y le arrebata bruscamente el juguete, recibiendo del niño un feroz puntapié acompañado de una palabrota.

Raúl ha interpretado la actitud de la maestra de arrebatarle su juguete como una «invasión territorial»; ha hecho una lectura errónea de los lenguajes emocionales de la profesora, descodificándolos como amenaza y respondiendo con agresividad. Podemos suponer que el chico estaba muy ansioso ese primer día de clase, de modo que el excesivo estado de alerta derivado de la ansiedad le impidió reflexionar, concluir que la maestra tenía razón y optar por guardar su juguete nuevo.

• **Se percibe provocación o intento de sometimiento por la fuerza (control coercitivo):** A partir de los dos años, el niño comienza a percibir el alcance de su libertad exploratoria y de su poder sobre personas y objetos, y se propone dimensionar activamente hasta dónde puede llegar en este ejercicio primario del dominio. Se va gestando de este modo una voluntad y un goce ligados al ejercicio de la libertad y de la manipulación. Manipular en el contexto de interacción con un adulto o un niño mayor es entonces intentar manejar a voluntad al otro, modificando sus conductas, expectativas y decisiones y comprobar de este modo, gozosamente, que posee poder y puede ejercerlo con alguien que tiene también la facultad de dominarlo y cuyo poder es mayor. En este juego, el adulto es un antagonista, de modo que se moviliza energía agresiva orientada a ponerse en guardia y atacar si el antagonista da señales de intentar someter o controlar. Suele ocurrir que el adulto reaccione con sorna, burlándose del niño y haciéndole ver su pequeñez y la carencia de verdadero poder, fundamentado en la fuerza. Esa actitud también despierta intensa agresividad, la que se moviliza como energía buscando desbordarse en conductas.

Capítulo II

Apego y vínculo: las emociones cuentan para sobrevivir

> El primer mes de vida del ruiseñor
> es el que determina su destino.
>
> SHINISHI SUZUKI

Durante meses, el cerebro del niño que está en el útero materno se prepara activamente para afrontar la tarea más colosal del guión existencial humano: reconocer al otro e investirlo de una profunda y duradera significación emocional. Para ello, el cerebro del feto establece abundantes conexiones entre las estructuras corticales y subcorticales al servicio del emocionarse-con-el-otro. Proliferan en cada neurona numerosos receptores para la ocitocina, la hormona del parto, la cual es generosamente producida por la glándula hipófisis de la madre y atraviesa la placenta para activar el cerebro fetal. Esto permite la experiencia de «protoemociones», una suerte de sensaciones muy elementales, pero también muy intensas, provocadas por percepciones acústicas, movimientos, etc., que quedarán archivados en el registro de memorias primarias prenatales.

El bebé llega al mundo perfectamente preparado para iniciar un proceso constante, cada vez más complejo e intenso, de transformar las experiencias en vivencias teñidas de emoción. Las «protoemociones» experimentadas en el útero van a ceder paso a intensas emociones polares, desencadenadas por la traumática experiencia de sentirse inerme, absolutamente desamparado, a merced de la caleidoscópica avalancha de percepciones, tanto internas como externas, y, al poco tiempo de nacer, por la sublime experiencia de ser acogido y confortado por «otro», representado por la madre o cuidadora —y por el padre, de forma cada vez más frecuente—, quien ofrece al aterrado bebé recién nacido la calidez de su piel, su olor corporal, la tierna melodía de su voz y, luego, su leche, que calmará ese dolor nuevo que se ha instalado dentro de sí llamado hambre.

Grandes cantidades de ocitocina viajan por su sangre para ir a activar esos flamantes módulos cerebrales que venían preparándose silenciosamente desde hacía ya tres meses; la corteza parietal del hemisferio derecho, que descodificará las potentes señales emocionales provenientes del rostro de la madre o cuidadora; la corteza temporal superficial derecha, que descodificará la voz en clave melódica: arrullos, dulces palabras de amor susurradas mientras es acunado, y los núcleos septales, que reaccionarán al contacto físico, permitiendo que el bebé experimente un intenso goce con las caricias. La amígdala cerebral y el hipocampo trabajarán activamente, adjetivando estas experiencias y archivándolas en clave emocional.

Durante los próximos dos meses, el bebé y su madre (o cuidadora) experimentarán un estado de enamoramiento mutuo, una suerte de danza de interacciones cargadas de emoción; se irán conociendo, descodificando mutuamente, aprendiendo sutiles códigos de señales, identificándose olfativa, táctil, auditiva y visualmente. Con cada interacción exitosa entre ambos, la intensa tormenta emocional inicial va cediendo paso gradualmente a una preeminencia de la emocionalidad positiva: el péndulo del temperamento del bebé, que inicialmente oscilaba entre rabia/alegría, miedo/serenidad, se va inclinando hacia la emocionalidad de predominio positivo. Es el nacimiento de la más poderosa fuerza generativa humana: la armonía emocional. Dos meses después de nacer, el bebé ya ha fortalecido suficientemente su capacidad de confiar en ese «otro» que calma sus ansiedades e inclina una y otra vez su péndulo del temperamento hacia la emocionalidad positiva: un estado calmo, de quietud, de serenidad; un predominio de la alegría confiada por encima del miedo al desamparo y de la rabia, y una incansable curiosidad por su entorno.

Aparece en este momento, a los dos meses de vida, una señal inequívoca de la voluntad del bebé de insertarse en el mundo social: la sonrisa intencionada. A partir de entonces, el niño está óptimamente preparado para ir ampliando los vínculos. Las potentes conexiones cerebrales, que se iniciaron en el tercer trimestre del embarazo y se fortalecieron durante los dos meses siguientes, activamente ejercitadas en el proceso del apego, se disponen a reeditar el vínculo primario, estableciendo con nuevos actores relaciones intersubjetivas cargadas de afectividad: el padre, los hermanos mayores, la sirvienta, los abuelos, etc. Todo esto, en escenarios precisos que también se cargan de intensa valencia afectiva, como su camita, la sala de juegos, la cocina, el parque, el patio, la plaza. Cada encuentro con estos actores del guión vincular quedará inscrito en la memoria emocional de ese niño: voces, aromas, gestos, miradas, caricias y actos cotidianos que, en el encuentro vincular, son investidos de intenso goce y vividos con placentera quietud.

Desde los dos meses y durante las siguientes dos décadas, las vinculaciones con otros significativos desempeñarán un papel crucial en la construcción de una personalidad sana y equilibrada o, por el contrario, de una personalidad frágil y proclive a la enfermedad.

Como queda claro, el apego es el guión relacional en que se basarán las vinculaciones futuras y sentará al mismo tiempo los cimientos para construir la confianza básica, un sentimiento profundo de fe en la capacidad de ser amado por otros que, en el imaginario arquetípico infantil, son buenos y saben amar.

La pregunta esencial es entonces: ¿cuál es el sentido último de las vinculaciones humanas, especialmente durante los primeros años de la vida? La respuesta es, a nuestro juicio, promover, mantener y fortalecer el tesoro más caro de la afectividad humana, la armonía emocional, porque ella es una fuerza generativa formidable, un motor de conquistas que lleva al ser humano a la experiencia de la felicidad.

Capítulo III

La armonía emocional

Parece ser tendencia de los padres de hoy en día la de aspirar a que sus hijos lleguen a ser gente de importancia... Quien tenga un corazón puro y noble, será feliz.

Shinishi Suzuki

Los países que viven permanentes conflictos bélicos están detenidos, paralizados, son incapaces de dedicarse a solucionar los grandes problemas sociales como superar la pobreza, mejorar la calidad de la educación, de la vivienda, etc. Sus recursos son consumidos por los insumos de la guerra y sus dolorosas consecuencias: destrucción, muerte, invalidez. Solo cuando llega la ansiada paz, los pueblos pueden dedicar sus energías a construir, crecer, alcanzar sus metas de desarrollo e incluso superarlas.

Del mismo modo, los niños atrapados en la oscura celda de las emociones negativas —miedo, rabia, pena, dolor psíquico— y sentimientos negativos —desesperanza, frustración, desencanto, pesimismo— se encuentran detenidos, paralizados, incapaces de crecer emocional y cognitivamente, y muy vulnerables a las enfermedades. Sus recursos intelectuales y emocionales, de por sí precarios, se invierten en alimentar la hoguera de la rabia y la desesperanza. Es preciso, al igual que en los países en conflicto, que llegue la ansiada paz, y dicha paz se denomina armonía emocional. Es el legado de crecimiento integral más preciado que nos deja un proceso vincular exitoso.

La armonía emocional es un fenómeno esencialmente biológico, interno, pero en cuya génesis se imbrican indisolublemente factores psicológicos y de la experiencia. En efecto, será el aspecto social el que ha de actualizar esa potencia de armonías, traduciéndola en conductas observables. Los seres humanos crecemos y nos desarrollamos en comunidad con otros, lo cual genera la más aguda necesidad social: la necesidad de afecto, de pertenencia. Por lo tanto, son las experiencias sociales —desde la primaria, como la formación del vínculo con la madre inmediatamente después de nacer, hasta las sofisticadas experiencias de vinculación laboral, matrimonio o paternidad—, las que desafiarán en forma constante al individuo social, instándolo a poner en juego sus recursos de adaptación, modelando desde lo externo el equilibrio emocional. Las actitudes de los otros significativos actuarán como permanentes estímulos dinámicos de cohesión y ruptura de dicho equilibrio.

En esta perspectiva, la armonía emocional es el resultado visible de un guión vivencial ontogenético, que se construye sobre una plataforma biológica por efectos de la experiencia social. La armonía emocional es como la punta visible de un bloque gigantesco de hielo, que posee una historia evolutiva —tal como un iceberg tiene un momento de gestación en la milenaria historia de los mares australes o árticos— y que nos muestra su rostro en el momento mismo en que nos detengamos a observarla. Ya sea en nosotros mismos o en otros, podremos asomarnos a la armonía emocional en sus dimensiones cognitiva, cognitivo afectiva y conductual con solo preguntarnos: ¿Estoy feliz de vivir sin desear nada artificial que le dé un sentido a mi alegría? ¿Soy optimista? ¿Me interesa aprender, descubrir? ¿Estoy en paz, me siento confiado y seguro, envuelto por la red protectora de mis seres queridos? ¿Doy más amor del que recibo?

Cuando estamos con un niño no se precisan tales preguntas, ya que basta mirar sus ojos, la expresión de su rostro, su actitud corporal y la tensión interna que refleja su conducta, para saber si está en armonía o está sufriendo.

La plataforma primaria de la armonía emocional:
Esta plataforma está constituida por tres potentes sentimientos, los que comenzaron a gestarse antes de nacer, se fortalecieron durante el proceso del apego, se fueron consolidando durante las sucesivas vinculaciones del niño con otros significativos y van a ser, en definitiva, los fundamentos sobre los que el adulto va a construir su vida social y sus relaciones afectivas.

• **Alegría existencial:** Consiste en un sentimiento de gozo permanente que estimula a su vez la fantasía e imaginación, lo lúdico, el hedonismo, el sentido del humor y las destrezas comunicativas al servicio de la inteligencia interpersonal. Esta alegría existencial mueve a explorar, a pensar divergentemente, a crear, y favorece los procesos de afiliación. Sobre ella se construye el optimismo. Ha sido denominada la «dicha de vivir» y se caracteriza por ser un sentimiento independiente de gratificaciones específicas como obsequios, viajes, ganancias, adquisiciones, bienes de consumo, entre otros.

• **Motivación:** Estimula la curiosidad, el asombro ante el misterio y lo novedoso; promueve la apertura a nuevos aprendizajes, la necesidad de explorar, de descubrir, de pensar excitadamente y de abrirse a recursos cognitivos sofisticados. Es la base de las destrezas metacognitivas y es independiente de recompensas específicas como títulos académicos, premios, distinciones, diplomas, ascensos y otros.

• **Serenidad:** Es un sentimiento de confianza básica que engloba el saberse aceptado incondicionalmente, protegido y amado. Es la base de la entrega afectiva y es independiente de recursos específicos destinados a la protección, como inmunizaciones contra agentes infecciosos, casas o coches con alarmas, vigilancia policial, inmunidad diplomática, linajes sociales, etc.

Estos sentimientos provocan en la persona un fenómeno de apertura mental que favorece la creatividad, la flexibilidad cognitiva y adaptativa y amplía las cogniciones, estimulando la integración de experiencias, la generación de soluciones creativas a los problemas y la asertividad. En ese sentido, tales sentimientos constituyen fuerzas poderosas que generan «empoderamiento» (este término, que es una traducción literal del inglés *empowerment*, debe ser adecuadamente interpretado en su significado: ganar una fuerza interna que permita generar cambios positivos en la persona y en los que le rodean, una suerte de «capacitación» para la vida). Por otra parte, producen el denominado «efecto borrador», tendiendo a anular los efectos dañinos de las emociones negativas.

El poder de la armonía emocional está en la fortaleza para enfrentar las adversidades —conocida como resiliencia—; para afrontar creativamente los problemas; para ampliar el dominio cognitivo y la capacidad reflexiva; para adaptarse a condiciones extremas de vida y salir airoso de situaciones límite; para adquirir de forma temprana un corpus de valores y principios éticos rectores; para desarrollar conductas prosociales; para abandonar de manera oportuna el natural egocentrismo infantil y tener en cuenta las perspectivas de los otros, y para acceder a la conciencia de sí y a la conciencia universal o sabiduría. Esa fortaleza es inconmensurable, y sorprende comprobar la indiferencia con que la comunidad de especialistas en temas de la psicología del desarrollo, de la psicopatología y de la salud mental ha tratado este aspecto durante gran parte del siglo XX.

¿Cómo cultivar tan formidable fuerza interna, garantía cierta de coraje y de talentos? La respuesta parece ser simple, pero su dificultad radica en implementar su conquista. La armonía emocional se construye día a día, en una tarea cuyas reglas son siempre las mismas, pero que es progresivamente más compleja y sofisticada. A medida que el niño va creciendo, su armonía emocional va dependiendo en parte de su propia biología, proclive a la resiliencia o a la vulnerabilidad, y en parte, no menos decisiva, de un número cada vez mayor de actores en cuyas manos está el acompañar a ese niño en sus tareas de crecimiento en escenarios cada vez más amplios y multidimensionales.

En consecuencia, la armonía emocional va a depender de factores sociales y de factores propios de cada niño; un factor social clave es el acompañamiento educativo del menor por parte de los agentes sociales en el ámbito emocional. Pero no es el único: la educación de las emociones se enlaza íntimamente con los complejos factores que construyen las dinámicas sociales: escuela, familia, pobreza, riqueza, psicopatología.

Armonía emocional y necesidades afectivas

Los inicios de la afectividad humana ponen de relieve un hecho innegable: el ser humano comienza la vida íntimamente unido a otro ser humano, preparando durante semanas ese encuentro amoroso primario denominado apego. A partir de ese instante y para siempre, los seres humanos buscamos nuestro álter ego, que nos ha de proporcionar los mismos estímulos que caracterizaron el apego y que denominaremos, de modo simple pero cargado de significación, «alimentos para el alma».

En este tránsito por la vida buscando completar lo que nos falta, vamos estableciendo vínculos, los que tienen el poder de asignar una propiedad significativa en el plano de los afectos a esos otros con quienes nos relacionamos. No todo ser humano que está cerca es significativo para nosotros. Para serlo, debe ser capaz de entregarnos ciertos estímulos afectivos de modo genuino y espontáneo, en un escenario que se define por coordenadas también afectivas: cariño, ternura, amistad, cercanía. Estos estímulos, que para el adulto son importantes, pero de los cuales puede prescindir por períodos largos, son alimentos esenciales para el alma infantil. Un niño a quien se le escamotean sistemáticamente estos «alimentos para el alma» es como una planta privada de agua y de sol; más temprano que tarde comenzará a marchitarse.

Estos nutrientes de la armonía emocional son muy simples, no se adquieren mediante una transacción comercial, y se parecen a la levadura: al ser entregados, aumentan su propio volumen y el volumen de los sistemas vitales sobre los cuales actúan. En otras palabras, poseen una rara y prodigiosa cualidad, propia de los grandes fenómenos del alma, la de ser «generativos». Así como la levadura actúa sobre la masa para transformarla en pan, los alimentos para el alma, envasados en actitudes cálidas y tiernas, crecen en el corazón de quien los entrega y transforman al receptor, modificando y enriqueciendo sus sistemas biológicos de una manera asombrosa, testimonio del perfecto diseño del organismo humano.

• **Aceptación incondicional:** Los seres humanos somos como la luna, con una cara luminosa y amable, que llamamos «cualidades», y otra oscura, misteriosa, a menudo incomprensible, que llamamos «defectos». Aceptar desde el corazón, incondicionalmente, implica aceptar nuestra totalidad sin esperar ni pedir cambios, por cuanto estos solo pueden gestarse en el gozo de la aceptación total. Los niños poseen un poderoso radar que registra la autenticidad de nuestra aceptación. Dicho radar lee nuestros lenguajes no verbales codificados como actitudes, interpretando rápidamente la falsedad, la hipocresía, el gesto duro que acompaña la palabra suave. Acto seguido, el niño se pone a la defensiva, ocultando su alma como se oculta la tortuga en su caparazón, porque intuye que podría ser herida mortalmente. Aceptar sin condiciones a un niño se refleja en las actitudes, por cuanto en el terreno de los afectos las palabras suelen ser traicioneras y/o hipócritas. Mientras más pequeño es el niño, más sensible y más dependiente de las actitudes es; su potente radar llamado intuición registra las sutiles señales de exasperación o disgusto escondidas en la voz, en la mirada, en el lenguaje gestual del rostro y el cuerpo.

• **Respeto incondicional:** Independientemente de cómo actúe el otro, le debemos consideración y un trato amable. Si ese otro es un niño, la consideración y la amabilidad deben extremarse, como si estuviésemos manipulando una delicada copa de cristal. En parte, el respeto hacia el niño modela habilidad pragmática y la destreza social de este, pero por encima de todo el respeto preserva la integridad de su alma.

• **Reconocimiento y valoración:** Los niños dependen de

nuestras actitudes valorativas para construir su autoestima, las cuales deben expresarse en la forma de aprobación, de elogios, de destacar explícitamente las cualidades y de mostrarse comprensivo ante los supuestos errores o «defectos». Nuestras actitudes deben adoptar la forma de aliento, de estímulos que animen al niño a atreverse sin temor al error, a la equivocación o al fracaso. Debemos ser capaces de mostrarle que en el aprendizaje no hay cabida para el fracaso, porque los errores son un modo de aprender tanto o más válidos aún que los aciertos.

• **Expresión explícita del afecto**: Muchos niños ignoran que son amados por sus padres, porque estos jamás les manifiestan su amor por medio de caricias y palabras tiernas. Por el contrario, son autoritarios y severos, pues estiman que a los niños se les debe educar en el rigor. Algo similar ocurre con algunos maestros, quienes temen perder su autoridad si se muestran afectuosos con sus alumnos, por lo que adoptan una actitud distante y desabrida. Cuanto más pequeños, los niños necesitan mayor cantidad de demostraciones explícitas de afecto, porque ellas poseen cualidades neurotróficas (estimulan la formación de sinapsis), ansiolíticas (atenúan el impacto de los agentes ansiógenos provenientes del ambiente o de la ideación mental del niño), elevadoras de la inmunidad (defienden al cuerpo contra el ataque de organismos infecciosos) y llevan los talentos al plano de las habilidades.

• **Comunicación efectiva y afectiva**: La inmensa mayoría de las rupturas emocionales en los niños (y en los adultos) se debe a la incomunicación en la que viven en términos de sustento emocional. El 90 por ciento de los adultos no sabe confortar a un niño, optando por abandonarlo a su suerte cuando este más lo necesita. Esto resulta crítico para aquellos niños que no saben o no pueden utilizar el lenguaje verbal para traducir sus tormentas emocionales en palabras, condición fundamental para analizar dichos problemas, entender su génesis y calmarse. La presencia de un buen lector de señales es clave para evitar que ese torrentoso río en busca de cauce no se desborde en la forma de un problema de conducta, de una depresión o de una crisis de ansiedad.

CAPÍTULO IV

LA CONQUISTA DE LA AUTORREGULACIÓN EMOCIONAL: DOMANDO AL CABALLITO SALVAJE

Cuando te hayas consolado (siempre se consuela uno),
estarás contento de haberme conocido.

ANTOINE DE SAINT-EXUPÉRY, *El Principito*

Hasta los dieciocho meses de edad, el niño aprende a sintonizarse emocionalmente con la madre, que regula sus estados emocionales, confortándolo, calmando su miedo y sus necesidades y favoreciendo que el bebé pueda experimentar alegría y quietud. En este período, las emociones lo desbordan, sin posibilidad alguna de autocontrol. Para el bebé, es imperativa esa presencia acogedora que lo conforta. En este guión de sintonías madre/hijo es fácil que se produzcan rupturas en la relación vincular.

Martín tiene quince meses. Suele despertarse varias veces durante la noche y le resulta imposible conciliar el sueño; su madre debe confortarlo y más de una vez ha tenido que cogerlo en brazos para conseguir que se quede dormido. Sin embargo, el padre está muy irritado e insiste en que Martín «es un bebé manipulador» y que la mejor solución es dejarlo llorar en su cuna hasta que el sueño lo venza. La mamá de Martín, primeriza y algo inexperta, empieza a creer en las intenciones manipulativas del niño, pero le da mucha pena dejarlo llorar sin atenderlo. Continúa levantándose todas las noches para acunarlo, aunque se siente cada vez más ansiosa, exasperada e impaciente. Afortunadamente, la abuela ofrece la solución: sugiere que Martín cene más temprano, que en el agua del baño se añadan algunas gotas de esencia de melisa y que la madre lo lleve a dormir cada noche con una actitud relajada en vez de mecerlo con ansiedad, impaciencia y premura. Pocos días después, Martín duerme toda la noche sin despertar.

A partir de los dieciocho meses, el niño empieza lentamente a autorregular sus estados emocionales; aprende que la madre puede ausentarse pero siempre regresa para tomarlo en sus brazos, alimentarlo, acunarlo, abrigarlo. Comienza a desarrollar estrategias de autorregulación: es la etapa del chupete, de los peluches, del pulgar en la boca, en fin, de los denominados «objetos transicionales», por cuanto cumplen un papel de extensión fantaseada de los ámbitos que dan seguridad al niño y atenúan la ansiedad que le produce la separación. Gradualmente va aprendiendo a refugiarse en la fantasía para controlar sus miedos. A partir de los tres años, la autorregulación emocional ya es más eficiente y el niño empieza a construir un aparato cognitivo sustentado en lo emocional; aparecen los sentimientos, la capacidad de identificación de sus estados emocionales («estoy enojado», «tengo miedo», «mamá, eres una tonta, no te quiero», «mi abuelita es bonita, la amo»). Su miedo es muy poderoso, pero él elabora estrategias para ocultarlo.

Si bien el niño menor de cinco años es capaz de identificar sus emociones, calmando los estados negativos a través de sus objetos transicionales y/o recurriendo a la fantasía, su necesidad de confortamiento es muy grande, y requiere de manera imperiosa la presencia acogedora, serena y cálida de un adulto significativo.

> Martín ha crecido; ya tiene tres años y la madre lo lleva al jardín de infancia. Los primeros días Martín se muestra receloso, coge su «mantita de seguridad» y afirma ser «un león feroz» que morderá a quien se le acerque. Poco a poco la maestra va conquistándolo, hasta que Martín decide dejar su mantita en casa y desaparece la actitud de león en guardia. Ha aprendido a dominar su miedo y comienza a confiar.

Después de los cinco años, el cauce natural de las emociones es el lenguaje, el cual adquiere a partir de esa edad el carácter de mediador y vehículo al servicio de la capacidad reflexiva. De modo gradual, el niño comienza a desarrollar una nueva habilidad: pensar acerca de lo que siente y ser capaz de verbalizar-

lo para su elaboración. Sin embargo, para desarrollar esta incipiente capacidad reflexiva es necesaria la presencia de un adulto
que guíe, que sepa escuchar y esté dispuesto a confortar al niño.
Es su lenguaje, como instrumento de elaboración de la emoción, el cauce que impide desbordarse y permite recuperar la
serenidad. El adulto utiliza su propio lenguaje para leer, elaborar y entender la emoción del niño, y contiene el descontrol a
través de la cercanía tierna y afectuosa. El niño se autorregula
refugiándose entre los brazos acogedores del adulto y replegán-
dose en una actitud regresiva, necesaria para recuperar el control.

> Miguel tiene ocho años. Desde hace unos días se lo ve apo-
> cado, silencioso y melancólico, y llora cada mañana cuando
> debe prepararse para ir al colegio. La madre piensa que está
> enfermo, el padre cree que «está haciendo teatro» para no ir
> a clase y lo ha reprendido con dureza, amenazándolo con
> un castigo si se ausenta de clases. Una noche, su hermana
> mayor va a despedirse del chico que ya se dispone a dormir
> y lo descubre llorando. Lo abraza tiernamente y lo invita a
> confiar en ella, pidiéndole que le cuente qué le ocurre. En
> medio de sollozos, Miguel le relata que ha perdido un libro
> que debía leer y lo había solicitado en la biblioteca del cole-
> gio, pero que no se atreve a hablar con su padre o su madre
> pues sabe que lo van a reprender con fuerza, ya que es muy
> distraído y suele perder cosas con frecuencia. Su hermana
> lo consuela y le promete que al día siguiente le comprará el
> libro, pero solo si le asegura que será más cuidadoso.

Durante la pubertad se desarrollan áreas cerebrales que favorecen la reflexión autónoma y el autoconocimiento. El adolescente ya no precisa de la mediación de un adulto para encauzar sus emociones, sino que le basta con replegarse mentalmente sobre sí mismo y analizar de modo flexible las circunstancias que están movilizando ira o miedo en su interior para buscar soluciones adecuadas. A menudo, la reflexión en compañía de sus pares, en la cual se produce intercambio de experiencias y de posibles soluciones, es muy efectiva para devolver la calma. A partir de esta edad, debemos considerar que el adiestramiento en capacidad reflexiva ha sido exitoso, y el adolescente ya debería ser capaz de gestionar por sí mismo soluciones creativas a los conflictos.

Capítulo V

La familia como agente protagonista en la educación de las emociones

Lo que hace importante a tu rosa,
es el tiempo que has perdido con ella.

Antoine de Saint-Exupéry, *El Principito*

La etapa de maduración humana es muy prolongada, de modo que se amplía y vincula profundamente a la experiencia. En esta extensa ventana biológica abierta a las relaciones sociales, el cerebro se encuentra en un proceso permanente de intersubjetividad, construyendo afectividad en sintonía con los demás, de tal modo que los procesos de regulación emocional, la gradual consolidación del yo y de la estructura de personalidad definitiva, están constantemente modulados por los otros significativos con quienes interactúa. Va formando su historia personal.

Desde las experiencias primarias del apego hasta la conquista de la autonomía al finalizar la segunda década de la vida, el ser humano va escribiendo un guión intersubjetivo en el cual cobran importancia crucial sus padres y familiares, el entorno humano de la escuela, del barrio, de los amigos, en una trama concéntrica de actores con un papel protagonista o secundario de troquelado afectivo. En la era actual, la influencia de los personajes televisivos es cada vez más potente en el modelado de la afectividad infantil.

Los padres, hermanos mayores y familiares cercanos al niño son los maestros en la educación de las emociones. Para llevar a cabo de forma exitosa esta tarea, deben cumplir con ciertas condiciones indispensables:

• Tener un conocimiento intuitivo o informado acerca de la edad infantil y adolescente, particularmente de sus características psicológicas y de sus tareas de cumplimiento.

• Conocer la importancia de los ambientes emocionalmente seguros en el desarrollo de la afectividad infantil.

• Presencia de un razonable equilibrio psicológico en cada uno de los miembros de la familia (ausencia de psicopatología).

• Cohesión familiar.

• Afrontamiento adecuado de conflictos.

• Estilos de administración de la autoridad y el poder.

• Comunicación afectiva y efectiva.

Características psicológicas del niño a distintas edades

El preescolar:

• Está afianzando su capacidad vincular para iniciar a continuación los procesos de socialización. Este niño vive permanentemente una gran ansiedad de separación, la cual llega a un nivel máximo en los chicos introvertidos, tímidos, ansiosos, sin hermanos (hijos únicos). La madre es el refugio, el consuelo, el bálsamo que alivia todos los dolores; el padre es el que protege de los peligros externos, el fuerte, el que da seguridad. La dependencia afectiva del niño respecto de sus padres, en especial de la madre, es muy potente.

• Todavía está latente el riesgo de desarrollar un trastorno vincular.

• Sus mecanismos de autocontrol son muy rudimentarios, de modo que necesita de forma imperativa mucha contención emocional, ya que puede ser desbordado por sus emociones de modo intenso e incontrolable. Esto es particularmente grave en lo que se refiere a la ansiedad.

• La imaginación, la fantasía sin límites y la fuerza lúdica son sus rasgos centrales, los que poseen el poder de neutralizar las emociones negativas. El niño en la etapa preescolar aún no establece límites claros entre fantasía y realidad.

• Al no poder tomar todavía la suficiente distancia de los acontecimientos y carecer de una gran introspección, es muy vulnerable al estrés por negligencia emocional. El niño en la etapa preescolar necesita ser constantemente protegido y escuchado.

• El desarrollo moral es primario, sustentándose en la obediencia impuesta (por ello es tan frecuente que sea oposicionista).

• El estrés lo desestabiliza intensamente, apareciendo síntomas de ansiedad en cualquiera de las esferas de expresión (inmunológica, corporal, psicológica, hormonal) y cediendo paso a la depresión con rapidez cuando no hay resiliencia.

• Alrededor de los cinco años de edad se pone en marcha

una «poda» de conexiones neuronales, como parte de un proceso de remodelado cerebral destinado a facilitar la aparición de nuevas habilidades al servicio de los próximos desafíos culturales y sociales. Con esta poda queda espacio para establecer conexiones sólidas que permitan al niño adquirir las habilidades instrumentales (lectura, escritura, cálculo) con las que podrá consolidar un juicio más objetivo de la realidad. Esta etapa de poda sináptica deja al niño en una condición de gran vulnerabilidad al estrés y a los errores en la educación de las emociones.

Gustavo tenía cinco años y tres meses cuando falleció su abuelo materno en un accidente en el norte del país. Hasta ese momento, Gustavo era un chico dócil, alegre y cariñoso. La madre debe viajar para encargarse del funeral y de los trámites de la herencia. Como tiene una bebé de pocos meses a quien amamanta, viaja con él y el esposo, dejando a Gustavo al cuidado de una tía con quien la familia mantenía una relación más bien distante. Regresan dos semanas después, y encuentran a Gustavo muy cambiado, serio, distante, receloso, muy rabioso y con intensas pataletas. La tía les informa de que esa ha sido su actitud desde su partida, de modo que se ha visto obligada a reprenderlo y castigarlo, pues «se va a acostumbrar a ser caprichoso si no se lo corrige ahora».

Gustavo se encuentra en un momento muy vulnerable de su desarrollo cuando debe separarse de la madre, y vive este distanciamiento no solo como una pérdida que le provoca intenso duelo, sino como una traición, ya que la madre ha optado por llevar a su hermanita y a él lo ha dejado librado a su suerte. A esa edad, los viajes son vividos como pérdidas, y la gran vulnerabilidad emocional propia de los cinco años precipita en el niño un compromiso anímico serio, empeorado por el inadecuado abordaje de la tía, que se centra en disciplinar conductas en lugar de consolar al pequeño.

Entre los seis años y la prepubertad:

• A partir de los seis años se inicia una activa reconectividad sináptica que permite al niño recuperar la serenidad y abrirse gozosamente a nuevas experiencias.
• El autocontrol aparece de forma progresiva, pero los mecanismos reflexivos son rudimentarios.
• La atribucionalidad y el locus de control son externos.
• El desarrollo moral va apareciendo lentamente, pasando de la obediencia impuesta a una lenta internalización de valores y de principios éticos rectores de la conducta.
• Comienza a diferenciar con nitidez fantasía de realidad.
• Sigue necesitando mucha protección de parte del adulto, pero disfruta con la libertad, que siempre huele a excitante aventura. Sin embargo, rara vez se excede en el uso de esa libertad, ya que es muy temeroso y su hogar es el único lugar verdaderamente seguro.
• Idealiza a los adultos, en especial a sus padres, a quienes sigue considerando perfectos, infalibles, sabios e inmorta-

les. En cada mujer ve una madre y en cada varón un padre, de modo que la negligencia emocional lo hiere profundamente.

• El estrés lo desestabiliza, pero suele enviar pocas señales de compromiso emocional: «la procesión va por dentro».

Edad prepuberal:

• Entre los nueve y los once años finaliza la niñez y se pone en marcha el complejo sistema hormonal. Una de las primeras hormonas en aparecer es el cortisol, producido por la glándula suprarrenal, el cual, en conjunto con otras hormonas suprarrenales, favorece la aparición de vello corporal y facial y provoca un sostenido incremento de la ansiedad basal. El niño se torna más temeroso y regresan antiguas fobias propias de la edad preescolar. Es probable que este incremento de la ansiedad provocado por el cortisol haya tenido inicialmente una función protectora; en efecto, los primeros hombres sobre el planeta debían procurar el sustento del grupo por medio de la caza, la pesca y la recolección de semillas y raíces, además de defender el territorio de tribus enemigas. Para salir a cazar o guerrear, se requería coraje y valentía. Para ello, el chico debía cumplir cierta edad, garantía de ferocidad y fuerza. Entonces, se trataba de evitar que los preadolescentes decidieran acompañar a los cazadores y guerreros, estorbándolos. Con este fin, la evolución ayudó creando un período en el que el cortisol activara potentemente las reacciones de miedo. Esta fase se denomina adrenarquia y es una edad de gran vulnerabilidad a cuadros de ansiedad y de compromiso anímico.

• A nivel cerebral, tiene lugar una extensa poda de conexiones neuronales, preparando nuevamente el terreno para que durante la pubertad se lleven a cabo conexiones más eficientes que permitan afrontar con éxito los desafíos sociales y culturales que están por venir. Es por lo tanto una fase de enorme vulnerabilidad emocional.

• Los niños y niñas en edad prepuberal se tornan dispersos, con escasa capacidad de concentración; aparece desgana y melancolía; se tornan silenciosos, con tendencia a la ensoñación y buscan calmar la perturbadora ansiedad comiendo compulsivamente carbohidratos (chocolate, golosinas, helados, galletas, pasteles) y se evaden de la realidad a través de los videojuegos y de la televisión.

• Es una etapa de duelo. Niños y niñas parecen adquirir súbita conciencia de la irreparable pérdida a la que se enfrentan: la niñez se bate en retirada y se anuncia sutilmente la nueva etapa de la adolescencia, a la que temen tanto como desean. Perciben que están más emotivos, más sensibles a ciertos estímulos, experimentan dolorosos enamoramientos platónicos, que viven con culpa y sorpresa.

Edad puberal:

• Alrededor de los trece años de promedio, se pone en marcha de forma orquestada un complejo proceso neurohormonal, con profundos efectos en todo el organismo.

• En el cerebro, esta actividad hormonal provoca una intensa conectividad a nivel cortical y un remodelado de las áreas límbicas, especialmente de la corteza orbitofrontal. La progresiva y rápida maduración de estos circuitos y de extensas áreas de la corteza cerebral permite que gradualmente el púber vaya haciendo su ingreso en la etapa metacognitiva, adquiriendo flamantes habilidades intelectuales y sociales que irá poniendo en práctica una vez concluida esta etapa tan dinámica y cambiante.

• El remodelado cerebral en áreas de la vida emocional provoca un incremento de la impulsividad y un descenso del umbral del goce. El púber experimenta atracción por lo novedoso; desaparecen la melancolía y los miedos de la etapa anterior, tornándose, tanto chicos como chicas, en audaces buscadores de sensaciones, que encuentran en el grupo de iguales una fuente constante de novedad y atracción. La testosterona, hormona masculina, provoca en los varones un incremento del impulso agresivo, que se traduce en conductas de confrontación con los mayores, desenfado y negativismo. Por su parte, las hormonas ováricas tornan a la chica púber excesivamente emotiva, voluble y explosiva. Tanto niñas como muchachos pueden encontrar en el cigarrillo y el alcohol medios fáciles y efectivos para facilitar la sociabilidad (por sus efectos ansiolíticos, especialmente en jóvenes tímidos o con poca habilidad social).

• Durante la edad puberal el desarrollo moral ya está bastante afianzado. El niño hace suyos los principios valóricos inculcados por la familia y el colegio, aunque su moral suele

entrar en colisión con sus impulsos hedonistas; suele transgredir con facilidad los límites impuestos por los padres, apoyándose en su deseo de autonomía.

• Las nacientes habilidades metacognitivas favorecen la capacidad reflexiva, pero chocan con la impulsividad propia de
esta edad. El púber precisa una gran fuerza de autocontrol
para mantener a raya sus impulsos, y este esfuerzo resulta
más fácil cuando tiene a su lado adultos afectuosos, comprensivos y serenos.

El adolescente:

• Como promedio, los quince años marcan el inicio de esta
nueva fase del desarrollo, caracterizada por importantes conquistas en los ámbitos cognitivo y emocional social.

• El remodelado cerebral continúa muy activo, especialmente en las regiones corticales que administran la inteligencia
y en las áreas donde se lleva a cabo la adecuada lectura de la
realidad y la integración del yo. El adolescente, progresivamente más metacognitivo, experimenta una súbita iluminación intelectual; amplía sus cogniciones, integra conocimientos, establece relaciones, su razonamiento alcanza niveles de
sofisticada abstracción. Todo ello lo conduce a creer que es
poseedor de la verdad, y entra en una fase de omnisapiencia
en la cual descalifica al adulto como maestro; se torna tan
argumentador como rígido e implacable defensor de causas
extremas.

• En el sistema límbico ocurre un fenómeno muy particular,

ya que aumenta el umbral del goce, de manera que los y las adolescentes empiezan a requerir estímulos cada vez más intensos para disfrutar. Es probable que este fenómeno también tenga su origen en la evolución del hombre sobre el planeta: ingresar en la adolescencia implicaba para el varón ser apto para la caza y para la guerra; por lo tanto, debía producirse una modificación en la receptividad del cerebro a los estímulos generadores de goce. Comenzaban a cobrar relevancia experiencias que años antes parecían atemorizar y ahora se vivían con excitación e interés intensos. El goce vivido en el seno del grupo de pares era más intenso aún, ya que el grupo neutraliza el miedo por una parte y, por otra, aumenta la excitación de la aventura, invita a competir buscando ser el más audaz y atrevido. En el el seno del grupo, los adolescentes se sienten osados, fuertes e invulnerables.

• Tanto muchachos como chicas experimentan un intenso despertar sexual, que invita a participar en juegos grupales e inviste de intenso erotismo las relaciones de pareja. Esta etapa de hipererotismo coincide con un despertar de los sentimientos de afecto, una mayor empatía y una consolidación de los principios valóricos, rasgos que acuden a neutralizar la poderosa fuerza del impulso sexual.

• Es un momento de gran vulnerabilidad para presentar psicopatología, que se puede ver precipitada o agravada por el consumo inmoderado de alcohol y/o de drogas adictivas.

Sin duda que sería utópico pretender que los padres conozcan todas las características neurobiológicas y psicológicas de sus hijos a lo largo del desarrollo. Sin embargo, es preciso reconocer que muchas de ellas son conocidas intuitivamente, lo que los ayuda a realizar mejor su labor de educación para la vida. Pero no basta con conocer estas características; también es necesario acompañar a los hijos en el cumplimiento de las metas o tareas que se deben llevar a cabo en cada etapa del desarrollo. Estas metas se denominan «tareas de cumplimiento» y tienen como característica exigir la compañía sabia del adulto al tiempo que ponen a prueba su capacidad de educador emocional.

Tareas de cumplimiento

> Únicamente los niños saben lo que buscan...
>
> ANTOINE DE SAINT-EXUPÉRY

Son las metas que debe cumplir el niño en cada etapa del desarrollo para crecer emocional y socialmente, accediendo así en plenas facultades a la fase que sigue. Los adultos significativos tienen el deber de acompañar al niño en estas tareas, equilibrando sabiamente su papel para no caer ni en la sobreprotección ni en la negligencia.

Los primeros cinco años de la vida:

• Adquirir y fortalecer la confianza básica; aprender a confiar. La confianza básica es la capacidad de creer en el prójimo, de tener fe en la bondad de los adultos, la certeza de que van a amarlo y a protegerlo como a un hijo. Es una consecuencia natural de un proceso de apego y vincular exitoso. Por lo tanto, el deber de los padres y adultos significativos es cultivar día a día los vínculos y ofrecer al niño los «alimentos para el alma» indispensables para aprender a confiar.

• Dar inicio gradual a la capacidad de autorregulación emocional. A partir de los dieciocho meses, comienzan a madurar las estructuras cerebrales que permiten al niño mantener a raya su temperamento, evitando ser desbordado por la ansiedad, la rabia o el miedo. Esta maduración es muy lenta y culmina durante la pubertad. Por consiguiente, el niño de la etapa preescolar es fácilmente desbordado por las emociones, las que emergen en forma de conductas, de las cuales la más clásica y habitual es la llamada pataleta, berrinche o rabieta: una intensa expresión conductual de rabia o miedo que varía de intensidad según el niño, desde llanto hasta violenta autoagresión o agresión al adulto que participa en la situación desencadenante.

• Adquirir gradualmente hábitos de vida saludable y normas básicas que le permitan integrarse como ser social en interacción con otros.

• Fortalecer las habilidades básicas cognitivas, esencialmente el lenguaje verbal, el que comenzará de forma lenta a desarrollarse como un eficaz mediador emocional.

• Dar inicio a una mayor autonomía. El gradual fortalecimiento de los lazos vinculares va dando seguridad al niño para vivir experiencias sociales que le demandan cierta independencia: empezar a asistir al jardín de infancia y luego al nivel preescolar del colegio, ir a paseos, cumpleaños y otros encuentros sociales aceptando separarse momentáneamente de la madre.

De los cinco años a la edad prepuberal:

• Aprender a reflexionar y comenzar gradualmente el camino al autoconocimiento.
• Consolidar la capacidad de autocontrol mediante el incremento en el empleo del lenguaje como mediador de las emociones.
• Conquistar una autonomía protegida.
• Adquirir un corpus valórico de principios morales, internalizando el locus de control.
• Aprender a hacerse cargo de las consecuencias de sus acciones.
• Fortalecer el carácter.
• Fortalecer, incrementar y potenciar las habilidades cognitivas.
• Adquirir un bagaje cultural.

De la edad puberal a finales de la adolescencia:

• Definir una identidad propia.
• Conquistar, a través de sucesivos ensayos, la autonomía responsable y la capacidad de autodeterminación.
• Consolidar el autocontrol a través de una capacidad reflexiva autónoma, no guiada.

- Incrementar progresivamente la capacidad de reflexión, integrándola con experiencias propias extraídas de lecturas, conversaciones con pares y con adultos que sepan ser interlocutores válidos (maestros, padres, abuelos, guías espirituales). Ampliar y fortalecer sus cosmovisiones.
- Proyectarse al futuro. Emprender opciones de vida desligándose de la influencia de los padres en estas elecciones.

Ambientes emocionalmente seguros

Los niños nacen y crecen en el seno de su familia; otros, al cabo de un tiempo, abandonan su familia para crecer en hogares de acogida y luego con familias adoptivas. Con la masiva incorporación de madres en el mundo laboral, muchos niños pequeños dejan su hogar para ir cada día a guarderías y más adelante al jardín de infancia, para culminar asistiendo durante más de una década a la escuela. A lo largo de todo este tiempo los niños amplían su mundo social, tomando contacto con un número creciente de adultos: las personas que llevan a cabo tareas de servicio en casa, como las empleadas domésticas y niñeras, sus maestros, personal administrativo escolar, guías de escultismo, entrenadores deportivos, profesores de música, de baile, de arte, etcétera. Todos estos adultos, al pasar a engrosar la lista de personas emocionalmente significativas para un niño, tienen una responsabilidad trascendente: contribuir a crear para ese niño, y para todos los niños bajo su tutela, ambientes emocionalmente protegidos. Este es un concepto relativamente nuevo que pone el énfasis en ciertos deberes esenciales que contrae un adulto al pasar a ser «significativo» para uno o varios niños.

El niño debe:

• Sentirse incondicionalmente aceptado.
• Ser amado de forma explícita.
• Ser respetado de modo ilimitado.
• Recibir cotidianamente reconocimiento y valoración.
• Ser protegido y amparado en toda circunstancia. El 75 por ciento de los accidentes caseros es consecuencia de alguna conducta negligente del adulto hacia los niños a su cuidado, mientras que el 50 por ciento de los accidentes graves (de tráfico, caídas de altura, ingestión de venenos, etc.) sufridos por preescolares son evitables y se consideran producto de la negligencia.
• Escucharlo y confortarlo en situaciones emocionalmente difíciles, como cuando teme las consecuencias de un comportamiento que ha recibido advertencias de sanción; cuando se siente amenazado (daño físico, abandono, etc.), o cuando se siente inseguro frente a situaciones que generan incertidumbre en él.

El niño que crece en ambientes emocionalmente inseguros, amenazadores, negligentes, experimenta una ansiedad constante y perturbadora. Con el tiempo dicha ansiedad adquiere un sello persecutorio y el niño busca activamente protegerse de la amenaza. Según su edad, temperamento y nivel de resiliencia, se replegará sobre sí mismo o externalizará esa ansiedad transformándola en negativismo y desórdenes conductuales.

Los ambientes emocionalmente seguros (AES) constituyen no solo la base del equilibrio emocional, sino que son también la fuerza generativa del intelecto y de la creatividad del ser humano, y deberían constituir el primer y más importante derecho fundamental del niño.

En esta perspectiva, cada adulto que participa, aún tangencialmente, en la educación y formación de los niños, debe asumir responsablemente el imperativo de crear, o colaborar a crear, ambientes emocionalmente seguros, bastiones indispensables de preservación del equilibrio emocional de la niñez.

AES en la edad preescolar:
- Protegido y protector.
- Estimulante del descubrimiento y la exploración.

AES en la edad escolar prepuberal:
- Protector, pero también abierto a estimular la naciente autonomía.
- Estimulante, en una edad en la cual el niño está pletórico de curiosidad, es intelectualmente proactivo y está ávido de conocer, se muestra artesano e inventor.
- ¡Educativo! En términos de educar para la vida, educación cognitiva y educación emocional.
- Un sabio equilibrio entre proteger y dejar hacer, dar libertad y autonomía graduales, en un sistema basado en la confianza y en el fomento de la responsabilidad.
- Paulatinamente más complejo en los estímulos cognitivos, pero consolidando lo ya adquirido.

AES en la edad adolescente:

• Protección indirecta sustentada en el principio de confianza y en la comunicación afectiva.

• Intelectualmente desafiante, abierto, muy estimulante, respetuoso del disenso, del debate, de la discusión, de la iniciativa, del quehacer autónomo, de la creatividad.

• Profundamente educativo, hacia el ejercicio responsable de la libertad y su autojurisdicción.

Equilibrio psicológico y ausencia de psicopatología en el educador emocional

La educación emocional del niño es una tarea que exige disposición, vocación y compromiso. Es requisito, por lo tanto, que el adulto se encuentre en un estado razonable de armonía emocional, sereno, bien dispuesto, motivado y que no presente ninguna psicopatología. Sin duda, estos requisitos son utópicos: las crecientes demandas sociales de todo tipo (laborales, sentimentales, familiares, personales) han ido provocando en muchos adultos estados de estrés crónico que generan en ellos emociones negativas expresadas en conductas que van a impedir o dañar su tarea de educador de niños. Para que esto no ocurra, es condición indispensable que el adulto tenga conciencia de su situación emocional y realice un constante trabajo de autoconocimiento que le permita mantener dichas emociones y sentimientos a raya cuando interactúe con los niños a quienes ha de formar.

Lamentablemente, solo una minoría de adultos accede a

identificar sus conflictos y canalizarlos de manera tal que no perturben su tarea educadora. La inmensa mayoría de los adultos sufren crisis emocionales, perdiendo de forma parcial o total sus habilidades y recursos como educadores.

Ciertas condiciones psicopatológicas son abiertamente incompatibles con la tarea educadora en el plano de las emociones. Deberían ser identificadas como incompatibles por los especialistas en salud mental, con objeto de prevenir el enorme y negativo impacto sobre los niños. Estas condiciones psicopatológicas son:

• Los trastornos del ánimo, especialmente depresión mayor, episodio bipolar, distimia (depresión crónica).
• Trastornos de la personalidad.
• Ciertas secuelas de daños cerebrales.
• Consumo de adictivos.
• Psicosis.

Por desgracia, muchas de estas condiciones psiquiátricas están presentes en la población adulta y no son oportunamente detectadas ni abordadas. Varias de ellas se dan de manera combinada (consumo de drogas y delincuencia, o prostitución en mujeres con trastornos de personalidad). El impacto que ellas van a producir sobre la educación emocional de los niños es enorme y no ha llegado a ser debidamente identificado como un grave problema de salud pública.

El adulto educa emocionalmente a los niños a su cargo a través de su papel de «modelo a imitar», creando en todo momento ambientes formativos o perturbadores. Un adulto con alguna psicopatología tiene reacciones emocionales y conductas que son descodificadas por el niño desde los primeros días de vida.

En el cerebro del niño existe un complejo módulo neuronal llamado «neuronas en espejo» que descodifican las reacciones emocionales en el otro, despertando en su sistema límbico idénticas emociones de manera automática. Si dichas reacciones emocionales perturbadoras emitidas por el adulto se hacen constantes en el tiempo, se va a producir en el niño o niños a su cargo una suerte de modelado emocional conductual cuyo impacto adverso va a depender de variables como la edad del niño, su nivel de resiliencia, presencia de otros adultos que neutralicen dichos efectos y de la conjunción de otros factores tanto de riesgo como de protección.

El problema de los «educadores virtuales»

Décadas atrás, bastaba preguntar por el número de adultos que vivían en una casa para saber con cuántos educadores emocionales interactuaba el niño. Si en la casa vivían sus padres, una abuela y una empleada doméstica, estaba claro que en esa familia los chicos recibían educación emocional de parte de cuatro adultos. Pero han transcurrido algunos años y la situación ha variado de forma radical, al punto de que hoy es imposible cuantificar el número de adultos que contribuyen a la educación emocional de los chicos en un hogar. Estos adultos llegan a través de los medios de comunicación y entretenimiento, y suelen ejercer influencias mucho más decisivas como «educadores» que los propios padres. Personajes de programas infantiles, protagonistas de telenovelas, superhéroes televisivos y de videojuegos, cantantes pop, entre otros, se turnan día a día para ir plasmando el desarrollo emocional de los chicos, en especial la capacidad reflexiva y la resolución de conflictos. Para nadie es un misterio que la labor educativa de esta miríada de «educadores virtuales» deja mucho que desear, por cuanto introducen gruesos errores en la formación emocional de los niños. Estos se adaptan con absoluta y gozosa naturalidad a un escenario en el que conviven modelos educativos parentales con modelos que ingresan en el hogar a través de la televisión, los cuales son influjos poderosos que van desplazando de manera implacable a los padres en la influencia educativa y cuya presencia, versátil y dinámica, se ha instalado de forma definitiva en el seno de la familia.

El formato de los personajes televisivos y de videojuegos, carentes de las sutilezas psicológicas del ser humano, los muestra atrapados en las emociones y sentimientos básicos: rabia, miedo, encono, búsqueda de venganza. De este modo, enseñan a los niños un afrontamiento de los conflictos igualmente elemental, centrado en la descalificación, la violencia verbal y la agresión física. Al priorizar la acción por sobre la reflexión, no es posible mostrar a la teleaudiencia habilidades para la vida tales como aprender a escuchar en silencio y respetuosamente, a leer señales emocionales en clave afectiva, a buscar soluciones creativas a los problemas. Incluso aquellos programas de televisión de contenido pretendidamente «psicológico», como la mediación de conflictos a través de un profesional, priorizan la emergencia de emociones primarias en los participantes, buscando activamente que estalle la agresión y con ella se aumente el índice de audiencia.

Quienes defienden los medios destacando su valor educativo, aduciendo que los adultos pueden llevar a cabo una espléndida educación emocional acompañando a los chicos a ver televisión o a jugar con la videoconsola, parecen ignorar una evidencia: los niños están solos frente a las pantallas, por cuanto estas desempeñan el papel de compañía infantil cuando los adultos están ausentes del hogar.

La constante y excesiva presencia de los medios en los períodos de tiempo libre de los niños afecta esencialmente tres grandes áreas del desarrollo infantil: el juego como estrategia de apropiación de la experiencia y, por ende, de crecimiento cognitivo y emocional; el lenguaje verbal como instrumento de apropiación de la cultura y de autoconocimiento, y en tercer lugar la construcción de la vida emocional. El niño actual nace y crece en hogares donde diariamente ingresan decenas de modelos que van moldeando sus emociones, sentimientos y cosmovisiones con sus particulares didácticas y sus apasionantes, pero discutibles, asignaturas para la vida, las mismas que los padres cuestionan sin saber cómo regularlas. En los hogares conviven hoy la desorientación adulta frente a la televisión con la gozosa naturalidad con que niños muy pequeños la consumen y desde allí se construyen para la vida.

Los profesionales de la educación y de la salud mental deberían aprovechar el conflicto entre padres desconcertados y desorientados y niños ávidos de consumo de entretenimiento tecnológico para lograr armonizar esta reorganización sistémica, otorgándole a la televisión un papel verdaderamente formativo. Las señales más claras de desorientación parental tienen relación, por una parte, con el conflicto entre una mirada crítica respecto del efecto negativo de la televisión sobre sus hijos en formación valórica, distorsión de la perspectiva infantil sobre los fenómenos sociales (violencia, sexualidad, consumismo) y deterioro del desempeño escolar, y, por otra, con la valoración de la televisión como medio que informa de modo eficiente, que une a la familia, que acompaña a los niños y constituye para ellos el principal pasatiempo.

En este escenario, parecería difícil o imposible una armonización entre la mirada crítica sobre los medios y la valoración de ellos como ejes de unión familiar, compañía y recreación. Sin embargo, es posible trazar algunos lineamientos, que exigen de los padres, de los niños y de la comunidad cierto grado de compromiso y de disposición al cambio.

• En primer lugar, es responsabilidad de toda la comunidad garantizar a los ciudadanos el derecho a disponer de tiempo de calidad para compartir con los hijos. Está demostrado que los niños que comparten cotidianamente actividades con sus padres reducen de forma drástica las horas de exposición a la televisión y los videojuegos.

• Es responsabilidad de quienes importan o elaboran programas de televisión y videojuegos llevar a cabo una selección de los mismos sustentada en criterios éticos, pensando en niños que están solos frente a la pantalla de televisión o una videoconsola y no en la utopía de niños acompañados con adultos con criterio para ayudarles a seleccionar.

• Reducir el tiempo de exposición de los niños a los medios depende estrictamente de la cantidad y calidad de las alternativas de esparcimiento que se les ofrezca. Los chicos poseen numerosos talentos que deben ser desarrollados y potenciados en las horas libres, fuera del horario escolar, talentos deportivos, artísticos, musicales, además de los literarios, científicos, etc. Los primeros veinte años de la vida son los ideales para explorar, desarrollar y potenciar estos talentos, pero se requieren adultos entusiastas que los ayuden en dicha tarea. Se necesitan muchos centros polideportivos, academias de música y de baile, guías de escultismo, para que los niños descubran sus habilida-

des y se motiven para desarrollarlas. La voluntad individual y la de las autoridades pueden lograr un cambio de
mirada.

• La familia tiene una tarea concreta que solo exige voluntad
y capacidad de tomar decisiones inflexibles. Los niños deben
aprender tempranamente (antes de los cinco años) que mirar
la televisión es una actividad más entre otras muchas y que la
principal es jugar activamente al aire libre. En consecuencia,
debe haber un tiempo destinado a ver la tele, el cual se acota
de forma gradual, siendo muy breve (en lo posible solo una
hora al día) para los de edad preescolar, y de dos horas al
día como máximo para los de edad escolar. En este grupo,
el tiempo dedicado a los videojuegos en época escolar debería limitarse a un determinado número de horas los fines
de semana, evitando destinar parte del escaso tiempo libre a
este tipo de entretenimiento, por cuanto su poder adictivo es
muy elevado y los niños comienzan a extender involuntaria-
mente el tiempo de exposición, a expensas del tiempo de los
compromisos (deberes escolares, práctica de un deporte) y de
la necesaria recreación al aire libre.

• Respecto de los adolescentes, si estos han planificado su
tiempo libre desde pequeños incluyendo actividades recreativas, deportivas, artísticas y otras, sin duda no dedicarán
dicho tiempo libre a la televisión y los videojuegos. Está ampliamente demostrado que el número de horas de exposición
diaria a los medios es directamente proporcional al tedio, y
este a su vez deriva de modo directo de la ausencia de actividades recreativas y formativas sistemáticas iniciadas tem-

pranamente. Sorprende conocer adolescentes que consideran los medios (TV, videojuegos, juegos de ordenador) como el único recurso válido para distraerse del peso de los deberes y llenar un tiempo libre excesivamente largo y «aburrido». Estos chicos desconocen absolutamente sus talentos y, lo que es aún más lamentable, han acabado de modo gradual pero implacable con uno de sus recursos intelectuales más valiosos: la imaginación y la capacidad creativa.

Afrontamiento adecuado de los conflictos

En el seno de los grupos sociales se pueden observar dos grandes maneras de afrontar los problemas que amenazan su estabilidad. El modo más habitual es el que podríamos llamar «yo gano, tú pierdes»: una confrontación antagónica en la cual la emoción predominante es la agresividad. En esta forma de afrontar el conflicto prevalece una visión rígida de su dinámica, en la que se intenta hacer predominar el interés propio por encima de las necesidades e intereses del grupo; aparecen de este modo estrategias basadas en el litigio, los derechos, los daños y la férrea decisión de no dejarse someter.

El modo alternativo, cada vez más infrecuente, es el de la colaboración. En esta se busca tomar decisiones sustentadas en el bien común, reconociendo la interdependencia del sistema; se acepta tanto la responsabilidad individual por las acciones como el reconocimiento de la importancia del grupo; se admiten las diferencias de opinión de cada miembro de la comunidad y se

privilegian las estrategias de mediación, negociación, conciliación y derecho a voz y/o voto democrático.

En la mediación, un miembro del grupo o un tercero neutral
ayuda a las partes en conflicto a identificar sus intereses y así
resolver sus diferencias. La negociación consiste en la búsqueda
de un acuerdo que responda a los intereses de las partes en dis-
puta, recogiendo puntos de vista, buscando intereses comunes,
evaluando opciones y finalmente creando otras en las que todos
sean ganadores. La conciliación, por su parte, busca recabar información por medio de un tercero neutral a fin de alcanzar un
acuerdo o solución.

En una comunidad como la familia o el curso en una escuela, una educación emocional democrática implica que todos
sus miembros tienen el mismo derecho a exponer sus puntos de
vista y sus opciones. El estilo democrático es aquel en que el niño
es escuchado, tiene derecho a disentir, a presentar sus argumentos y a que se reconozca que puede tener la razón. La educación
democrática en la resolución de conflictos prepara al niño para
una ulterior participación democrática en su comunidad laboral
y social.

La forma en que una comunidad familiar o escolar afronta
los conflictos, capacita o invalida a sus miembros, en particular
a los niños, para moverse como parte de un sistema armonio-
so, justo, leal y cooperativo. Asimismo, los prepara o incapacita
para moverse en una sociedad multicultural, diversa, buscando
o rechazando caminos de paz, de no violencia, de justicia, y les
aporta o priva del uso de una de las más eficaces herramientas de
progreso individual y social: el pensamiento crítico.

Los adultos debemos ser capaces de enseñar a los niños que los conflictos son parte natural de las interacciones sociales y que constituyen una porción no desdeñable de su tejido orgánico; que afrontar adecuadamente un conflicto exige desarrollar virtudes muy valiosas y deseables, como el compromiso, la capacidad reflexiva, la tolerancia y el autoconocimiento; que el gran aliado a la hora de afrontar problemas es la flexibilidad, la cual nos permite comprobar que un problema se puede abordar de distintas maneras y con diferentes actitudes; que los seres humanos poseemos un amplio —y a menudo desperdiciado— repertorio de conductas y modalidades de afrontar los conflictos. Pero quizá lo más valioso en el aprendizaje creativo de afrontar conflictos sea poder enseñar al niño que estos son beneficiosos y provechosos, que mejoran la comunicación afectiva entre los miembros del grupo y enriquecen a cada uno de ellos, permitiéndoles crecer emocionalmente, alcanzar una mayor conciencia de sí, desarrollar una emocionalidad positiva, ganar en tolerancia y adquirir nuevas fortalezas cognitivas, como una mayor sensibilidad a las diferencias y el reconocimiento de objetivos, enfoques y necesidades.

La familia Martínez debe afrontar un repentino cambio en su organización sistémica: tienen que hacerse cargo de la abuela, recientemente viuda y aquejada de un incipiente deterioro psíquico. Reunidos para tomar decisiones, los padres anuncian a Gabriel, de catorce años, que deberá ceder su dormitorio y su televisor y trasladarse a dormir con su hermano menor, un pequeño de cuatro años muy inquieto. Gabriel se echa a llorar; lleno de ira y frustración, reclama por sus derechos, aduciendo que en esta reorganización él es el único perdedor, que lo han rebajado a la condición de bebé y que no está dispuesto a ceder su televisor, deslizando de paso algunos comentarios ofensivos hacia la abuela y su deterioro mental. La madre lo reprende, pero deja caer un comentario respecto a que quizá podría encontrarse otra solución que no implique hacerse cargo de su suegra. El padre, que hasta ese momento guardaba silencio, íntimamente enfadado por tener que llevar a su madre a casa y alterar así tan profundamente la vida de su familia, reacciona de manera desmedida, castigando con severidad a Gabriel y anunciando que se ve presionado a enviar a su madre a un asilo por culpa del egoísmo de los suyos. Gabriel grita que no aceptará el castigo y que se marchará de casa.

En este ejemplo vemos cuán difícil suele ser para las familias alcanzar acuerdos consensuados cuando deben enfrentar un conflicto. Incapaces de dejar de lado sus emociones, pierden la objetividad y quedan atrapados en miradas subjetivas centradas en la óptica negativa del hecho, sin ver las posibles ganancias.

En la historia anterior, todo se resuelve de manera inesperada: el niño menor pide compartir su habitación con la abuela, quien acepta encantada, estableciendo con su nieto una tierna relación lúdica. Aquejada de cataratas, rechaza disponer de televisión en su dormitorio, privilegiando el compartir con el pequeño. Con el paso de los días, el pretendido deterioro psíquico desaparece, dejando en evidencia que solo se trataba de un leve estado depresivo derivado del dolor de la viudez; y su nuera, inicialmente hostil y recelosa, descubre que la presencia de la suegra en casa le permitirá retomar sus clases de cerámica y Pilates, a las que había renunciado para cuidar a su pequeño. Gabriel no ha perdido sus privilegios, y descubre con alegría que la abuela ha llevado calidez y ternura a una familia excesivamente individualista.

Comunicación afectiva

La mayoría de las familias y comunidades en cuyo seno crecen y se desarrollan niños estaría dispuesta a defender la presencia de estrategias de comunicación entre sus miembros. Sin embargo, es probable que lo que ellas consideren verdadera comunicación presente profundas rupturas, entre las cuales se cuentan la incapacidad para escuchar activamente, la tendencia a las interpretaciones, las posturas críticas, el antagonismo, prestar poca atención y la tendencia a los juicios de valor.

La comunicación afectiva es el recurso más preciso y valioso para practicar el respeto hacia los niños, por cuanto puede ocurrir que el adulto deba reconocer que se ha equivocado y tenga que pedir disculpas al menor, poniendo en jaque su concepción de la autoridad. Por otra parte, la comunicación afectiva produce en los niños una poderosa confianza en el adulto, a partir de la cual se desarrolla un sentimiento igualmente poderoso en términos generativos: la gratitud. Este sentimiento produce en los menores una espontánea inclinación a crecer emocionalmente, a ser más objetivos, más ecuánimes, más flexibles, más tolerantes, más autocríticos.

En la comunicación afectiva, el adulto debe ser capaz de:

• Escuchar al niño que está en una situación difícil. Esta escucha debe ser activa y emotivamente sintónica; es una escucha con el corazón, en la cual el adulto se dispone a capturar y entender tanto la información verbal que el niño transmite como las emociones y sentimientos involucrados, reformulando la situación para confirmar que la ha comprendido objetivamente. La actitud de escucha exige una postura física de acogida, señales no verbales de respeto y de atención genuina y comprometida. El adulto debe evitar activamente emitir juicios de valor (opiniones en las cuales se interpreta apresuradamente la situación y se adjetivan las actitudes y conductas del niño), cuestionar, debatir o ejercer poder.

• Acoger y respetar sus emociones, incluidas las que son indudablemente negativas: rabia, miedo, decepción.

• Ofrecer al niño ayuda para encontrar alternativas de solución, encuadrando el problema de modo objetivo y neutral para que pueda verlo.

Los niños necesitan que el adulto preste atención interesada y respetuosa a sus conflictos, dudas, temores, incertidumbres. Lo más dañino para la autoestima de un niño es minimizar esos problemas, o bien mofarse de ellos, mostrarse indiferente, descalificarlo o ignorarlo.

La negligencia a la hora de comunicarse afectivamente con un niño que espera ser escuchado y confortado por un adulto significativo es el arma más mortífera para destruir su autoestima; el niño se siente afectivamente abandonado, desamparado, y concluye que la actitud del adulto es un mensaje despectivo: «Tú no me importas.» La autoestima de un niño tiene gran trascendencia; es una fuerza generativa potente y transgeneracional. Al crecer y convertirse en un adulto, ese niño sabrá escuchar con los oídos del corazón a otros niños porque recordará que más de una vez fue acogido, confortado y auxiliado en la búsqueda de una solución cuando se sentía confuso, asustado, paralizado por la incertidumbre. La autoestima infantil es inmensamente frágil y muy difícil de reparar cuando ha sido dañada durante largo tiempo y/o por adultos de gran significación para el niño.

La comunicación afectiva en el seno de la familia es una condición esencial que debe darse de forma permanente, espontánea, y tiene que ser practicada por cada miembro. Sus requisitos son simples, pero muy difíciles de llevar a cabo de modo sistemático y comprometido. Esta habilidad de educación emocional adquiere un carácter de urgencia cuando los chicos atraviesan momentos particularmente difíciles, como cuando sienten miedo ante las consecuencias de una determinada acción en la que han participado directa o indirectamente, cuando se sienten amenazados, cuando están en situaciones de conflicto, de incertidumbre, cuando sienten que sus baluartes de seguridad se rompen, cuando deben decidir y se sienten confusos, o cuando tienen dolor.

La comunicación afectiva requiere de ciertas condiciones esenciales, de ciertas pericias y de una actitud permanente de perfeccionamiento de dicha destreza. En otras palabras, comunicarse afectivamente con un niño es una ciencia y un arte en constante perfeccionamiento.

Los requisitos que debe cumplir un adulto significativo a la hora de comunicarse afectivamente con un niño o adolescente son:

• Ser empático. La empatía es la habilidad para ponerse en el lugar del otro. A los adultos no les resulta difícil cuando se trata de otro adulto, pero una gran mayoría demuestra que le resulta muy difícil ser empático con un niño pequeño. El adulto tiende a mostrar una solicitud condescendiente que muchas veces es solo aparente, y los chicos la perciben y se sienten desamparados.

• Ser capaz de sintonizar emotivamente con el niño. A la mayoría de los adultos les resulta relativamente fácil sintonizar con la pena, la rabia o la angustia de otro adulto, pero cuando se trata de un niño pequeño tienden a pensar que se trata igualmente de minipenas, minirrabietas, minimiedos. No es raro escuchar a un adulto que exclama: «¡Pero si eso no es nada... Si supieras, chaval, lo que tuve que soportar hoy en el banco!» Y la realidad es muy distinta: las penas, rabietas o angustias son peores cuantos menos recursos de elaboración racional tengamos, y a los ocho años de edad carecemos de experiencias con las cuales confrontar la situación que nos angustia.

• Ser capaz de «retroceder» de forma rápida a su propia infancia en términos emotivos, recurso que ayuda enormemente a la sintonía coemotiva y a la empatía emocional.

• Ser capaz de regirse por el principio de la buena fe en la honestidad y veracidad de un niño.

Valentín tiene siete años. Procedente de un pueblo de provincias, ha ingresado en un colegio que le parece atemorizador. En abril comienza a presentar tics y dolor abdominal que se inician el domingo por la tarde y recrudecen el lunes por la mañana; se va tornando progresivamente más ansioso, inquieto e irritable. Pocas semanas después de este cambio conductual, se muestra abiertamente reticente a entrar en el colegio, llorando y aferrándose a su madre. El padre reacciona de forma airada, interpretando la conducta de Valentín como «la manipulación de un niño consentido» y acusando a la madre de excesiva sobreprotección. Opta por ser él quien lleve al chico al colegio cada mañana, mostrándose severo, indiferente a la congoja del hijo y amenazándolo con un cachete si se queja de dolor abdominal. Valentín comienza a pedir el teléfono a la secretaria del director para llamar a su madre, diciéndole que se siente muy enfermo.

Una noche, la madre lo acompaña a dormir y le pide que confíe en ella y trate de entender por qué tiene miedo al colegio, que solo entendiendo el origen de ese miedo logrará superarlo. Llorando, Valentín le cuenta que la maestra suele estar muy enojada con los chicos y los amenaza a cada instante con enviarlos al despacho del director. Al pronunciar estas palabras, Valentín se estremece. La madre le pregunta si él sabe cómo es ese despacho, descubriendo con sorpresa y ternura que su pequeño, hasta entonces acostumbrado a la placidez de un colegio pequeño de provincias e influenciado por ciertas películas de terror, imagina que es una especie de calabozo húmedo e inhóspito donde los chicos son dejados solos y aislados. La madre lo consuela, explicándole que la maestra está exasperada por la conducta de los chicos y recurre a una amenaza como recurso de intimidación, pero que es solo una amenaza sin consecuencias, y que a medida que vaya conociendo mejor a los alumnos, se mostrará más amable. Algunos días después, la madre acude a una entrevista con la maestra y le relata el episodio. Esta se da cuenta

de que está exagerando sus amenazas ante niños aún pequeños y le promete que buscará otras estrategias para controlar
la conducta de los chicos.

¿Por qué es tan difícil comunicarse afectivamente con un niño?:

En primer lugar, porque la mayoría de los adultos no conoce de
modo cabal a los niños pequeños. Muchos adultos (especialmente las mujeres, por tener más desarrollada la intuición) tienen
un conocimiento bastante adecuado sustentado en su sentido
común, en el asombro, en la ternura, pero no en principios científicos. De hecho, cuando los padres deciden informarse acerca
de los procesos psicológicos de su hijo, lo hacen tardíamente,
cuando el chico o chica comienza la preadolescencia, momento
en que la mayoría de los padres entra en pánico. Muchas madres
poseen una gran pericia a la hora de abordar las características
socioemocionales de sus hijos pequeños, pero los padres se muestran absolutamente ignorantes de dichas características, de modo
que descalifican a la madre, emitiendo juicios de valor y enfatizando las bondades de sus medidas de control y de dominio.

Por otro lado, la mayoría de los adultos tienen un enorme miedo a perder autoridad. Estiman que «ser acogedor» es mostrar el
flanco débil, lo cual va a confundir al niño y a favorecer la mala
conducta al perder respeto por la autoridad.

Por último, en los adultos está demasiado arraigada la desconfianza, ese atávico temor a la mala intención, y actúa frente a
los niños aplicando el principio de la mala fe. Se establece así un
círculo vicioso muy común: los chicos no se sienten acogidos, es-

cuchados ni contenidos emocionalmente por el adulto, de modo que desarrollan conductas de aislamiento, de negativismo o de franca rebeldía. Estas provocan en el adulto una inmediata reacción de desconfianza, recelo y mala fe, por lo que refuerzan el control, empeorando en los niños la emocionalidad negativa. Así muere todo intento de comunicación y va creciendo la brecha entre chicos y grandes.

El adulto como autoridad

La autoridad es un poder conferido. El padre, el maestro, el entrenador deportivo, el guía, el hermano mayor, etc., sienten y piensan que se les ha concedido una facultad que deben ejercer frente a un niño que necesita límites.

Existen dos formas radicalmente diferentes de ejercer la autoridad:

• La autoridad sustentada en el dominio, la que a su vez se sostiene en la posesión de recursos de poder que dejan al adulto en una situación de fuerza y ubican al niño en una posición de subordinación y debilidad. Esta modalidad de autoridad posee en sí misma el germen del desprestigio.

• La autoridad que se sustenta en el respeto, la consistencia, la consecuencia, la justicia y la tolerancia. Esta modalidad de autoridad posee en sí misma el germen de la validación y la legitimación.

La mayoría de los adultos considera que demostrar autoridad ante un niño implica enviar señales explícitas de fuerza y de dominio. Al enmarcar la crianza y la educación emocional en este contexto, ambas tareas se desnaturalizan, pasando a constituir meros ejercicios de disciplinamiento, sumisión y docilidad forzada. El niño es privado de toda capacidad de autodeterminación. Esta manera de aplicar la autoridad es muy peligrosa, pues provoca en el niño una emocionalidad negativa permanente. En muchos niños comienza a gestarse una rebelión subterránea, lo que se traduce en conductas de negativismo y, tarde o temprano, abierta rebeldía. Otros niños se sobreadaptan, mostrándose sumisos y congraciadores, pero acumulando frustración e ira en su interior.

Confundir las estrategias de disciplinamiento con estrategias de educación emocional es un error que cuesta muy caro. El niño se ve privado de su voluntad de autodeterminación siendo empujado a optar por dos actitudes antagónicas pero igualmente dañinas y potencialmente peligrosas. Algunos niños y adolescentes eligen anularse como personas pensantes con capacidad de elegir opciones razonables y se repliegan sobre ellos mismos, acatando de manera pasiva, pero experimentando desesperanza y agobio. No obstante, la fuerza del yo es enorme y actúa boicoteando dicha sumisión aparente, de manera que el niño comienza a cometer actos involuntarios de rebeldía que le provocan intensa culpa. Sabotear la autoridad del adulto le parece inadmisible y experimenta gran ansiedad. Otros niños o adolescentes, en quienes el anhelo de libertad es una fuerza incontrarrestable, optan por la temprana rebeldía, con lo cual solo consiguen reforzar el control del adulto, pagando cara su osadía. Lentamente van incubando ira, frustración e impotencia.

CAPÍTULO VI

NORMAS Y LÍMITES

Cuando los padres y profesores oyen hablar del profundo efecto deformador sobre una personalidad infantil sana de una autoridad sustentada en el dominio y cuyo objetivo es disciplinar más que educar para la vida, surge de inmediato una profunda preocupación: ¿es posible legitimarse ante los niños y adolescentes mostrándose cercano, empático y flexible? ¿No se confundirán los chicos, al creer que la flexibilidad es sinónimo de permisividad? «Bien, me parece razonable cambiar mi actitud autoritaria con mis hijos, yo también me siento mal por ser tan gruñona, pero... ¡alguna vez podré castigarlos, supongo! O empezarán a alborotar y me verán como un títere sin capacidad de controlarlos», fue el comentario, entre escéptico y temeroso, de una joven madre de tres traviesos chicos. La respuesta es simple: en lugar de poner el énfasis en los castigos, se debe insistir en la formación temprana y sistemática de hábitos a través de la implantación de normas y límites como recursos de socialización y de educación emocional.

Esta tarea fundamental de la educación para la vida se puede dividir en dos etapas:

• Entre los dieciocho meses y los siete años: Es la etapa sensible ideal para implantar normas, pues la edad que se extiende de los tres a los cinco años es la más fértil.

• Entre los siete y los quince años: Es la etapa sensible ideal para implantar límites, los cuales se van internalizando gradualmente, de modo que a partir de los quince años el adolescente los ha adoptado como parte de un saludable estilo de vida.

Normas

Las normas son convenciones que se establecen sobre fundamentos sólidos de base empírica o científica. El adulto fija la norma y el niño la acepta y la cumple, por lo tanto existe un contrato de obediencia. Inicialmente se trata de una obediencia impuesta, pero pocos años después, una vez que el niño comprende y acepta los fundamentos de la norma, esta se transforma en un principio ético, en un valor superior. Una vez implantadas en el hogar, las normas adquieren estatus de inamovibles.

Entre ellas destacaremos algunas que son esenciales en una casa:

Respeto:
Consiste en una actitud de consideración hacia el otro y contempla exigencias de buen trato en la actitud, los modales y el lenguaje. El respeto proscribe toda actitud desconsiderada y procaz (como el empleo de insultos, las palabras soeces y el trato abusi-

vo) y promueve la amabilidad en toda ocasión. Incluye también la consideración con los espacios, la propiedad privada y el bienestar de los otros miembros de la comunidad.

Esta norma fundamental se debe inculcar tempranamente, antes de los cinco años, y tiene que consolidarse mediante el ejemplo. El respeto es el valor más olvidado en la educación actual, dado que la ausencia de modelos adultos impide que los niños aprendan este principio ético por imitación.

Hábitos de orden y de buen uso del tiempo:
La vida en comunidad exige mantener los espacios ordenados, cumplir con reglas sobre los sitios específicos donde se deben realizar determinadas actividades cotidianas en la casa (como almorzar y cenar en la mesa y no con una bandeja en la cama), respetar horarios para acostarse, levantarse, jugar y recrearse, los cuales no deben interferir con los horarios de comida, por ejemplo.

Enseñar a los niños el valor de planificar las actividades a fin de optimizar el tiempo será más tarde el gran aliado de los padres a la hora de establecer un hábito de estudio saludable e incorporar a sus hijos a actividades de enriquecimiento integral, como deportes, aprendizaje musical, etc.

Rectitud y honestidad:
Los niños pequeños, ávidos de apropiarse de los misterios del mundo, están ampliamente dispuestos al heroísmo y la grandeza. Debemos ser sensibles a esta espléndida disposición del alma, enseñando tempranamente el valor de ser ca-

paz de decir la verdad asumiendo el precio que ello implica y reflexionar cuando se ha cometido un error para evitar repetirlo, en especial si dicho error ha perjudicado a terceros.

Enseñar a ser veraz exige del adulto una gran pericia, y es preciso reconocer que la mayoría de los adultos carece de ella, lo cual explica la tendencia de los niños —y de muchos adultos— a mentir y a adjudicar a terceros las consecuencias de sus acciones. Dicha habilidad consiste en identificar el aspecto sobre el cual se debe poner el énfasis educativo y elegir la didáctica adecuada.

El énfasis se debe poner en la valentía y el coraje de un niño que es capaz de decir la verdad afrontando las consecuencias. La valentía es una virtud, y sobre ella deben recaer el reconocimiento y la valoración.

El método educativo adecuado es premiar la virtud a través de su valoración. En otras palabras, enfatizar el rasgo positivo de la situación: decir la verdad, en vez de enfatizar lo negativo: el error.

Por desgracia, la mayoría de los padres y profesores se equivocan, tanto en la identificación del aspecto sobre el cual poner el énfasis educativo como a la hora de elegir el mejor método de educación de una virtud:

• Identifican el error cometido como blanco de su acción educativa, y esta a su vez se centra en la disciplina.
• El método elegido es el castigo por la acción cometida.
• El valor de la virtud es ignorado, pues el adulto estima que lo verdaderamente importante es suprimir drásticamen-

te toda posibilidad de que se repita la acción cometida, y ello se logra a través de un castigo ejemplar.

Enfatizar la acción cometida, ignorando la virtud y aplicando un castigo ejemplar a dicha acción, invita al niño a desconfiar del adulto y a optar por la mentira y el ocultamiento. Desconfía de quien muestra su ceguera al ignorar el gesto ético —decir la verdad afrontando sus consecuencias— y ver solamente la acción reprobable. Elige la mentira porque todo niño huye naturalmente del dolor y los castigos, especialmente aquellos que son arbitrarios y drásticos, que hieren al niño, provocándole rabia e impotencia frente a lo que considera una sanción injusta. Es fácil ver que castigar como modo de reprimir «malas acciones» es un método infalible para destruir en un niño la formación temprana de una conciencia ética y para perpetuar la tendencia a mentir, especialmente en niños que sufren castigos drásticos desde muy pequeños.

Límites

Los límites son reglas flexibles que los padres implantan en consonancia con los logros de autonomía del niño a medida que este va creciendo. Comienzan a aplicarse a partir de los siete años. Los límites deben ser flexibles pero consistentes, deben modificarse de forma gradual a medida que los chicos se acercan a la adolescencia.

En la época actual, ellos están relacionados con:

• **Actividades recreativas:** Límites de horario (horas de permanencia, momentos oportunos/momentos inadecuados) para jugar en la calle, con sus amigos o con juegos tecnológicos (Nintendo, juegos de ordenador), así como para ver la tele, etc.

• **Actividades sociales:** Límites de horario y horas de permanencia para las salidas con objetivos sociales y a otras casas. En este aspecto, es esencial fijar límites a los días de la semana en que se puede visitar a los amigos, procurando que queden limitados a los fines de semana, con lo cual se enfatiza el valor de la responsabilidad ante los deberes y obligaciones.

Inculcar normas y límites de manera oportuna, aprovechando las etapas sensibles abiertas a la educación para la vida, tiene muchas ganancias trascendentales. Por una parte, contribuye a educar el carácter, ese conjunto de virtudes que pasa a formar parte constitutiva de una personalidad sana y proactiva. Por otra establece las condiciones ideales para el logro de una sólida capacidad de autodeterminación en la edad adolescente. Está ampliamente demostrado que implantar hábitos sanos de forma temprana es el secreto para que los adolescentes tomen decisiones libres y responsables.

Capítulo VII

La escuela como agente educador de las emociones

He llegado a una conclusión aterradora: yo soy el elemento decisivo en el aula. Es mi actitud personal la que crea el clima. Es mi humor diario el que determina el tiempo. Como maestro, poseo un poder tremendo: el de hacer que la vida de un niño sea miserable o feliz... Puedo ser un instrumento de lesión... o de cauterización.

G. GUINOT, *La tragedia educativa*

El niño actual vive muchas horas de su día en la escuela, recibiendo de sus pares, maestros y otros adultos, permanentes influencias que van modelando su vida de manera imperecedera. Al cabo de unos años, el otrora niño abandona ese escenario formativo y sale a la conquista del mundo. Pero ¿cuán provisto va de las necesarias armas para tener éxito en esa colosal empresa?

Transcurrida la primera década del nuevo milenio, el escenario no ha variado mucho respecto del siglo anterior. Aun cuando todas las declaraciones de principios en políticas educacionales sostienen que el objetivo primordial de la educación es despertar el inmenso potencial de creación que anida en cada niño, pocas de esas políticas son capaces de mostrar que los alumnos salen de las aulas provistos de una brújula que les impida perder el rumbo. Creemos que un modo de dotar a los alumnos de la escuela de una carta de navegación válida para la vida que les aguarda, es rescatar todo aquello que transforma la escuela en un baluarte de humanidad. Caminar en búsqueda de esta humanidad exige voluntad de cambio, porque la labor educativa se nutre de esperanza y de optimismo precisamente en el inconformismo, en la autocrítica y en la voluntad de cambio.

Fue Maria Montessori quien planteó, hace ya un siglo, que las ciencias de la educación están llamadas a comprometerse con los problemas y destino de la humanidad. Esta convicción la acompañó toda la vida. A los ochenta años, en la conferencia general de la UNESCO en Florencia (1950), continuaba afirmando: «Con los niños y los jóvenes podemos esperar rehacer un mundo mejor, ya que unos y otros son capaces de darnos más de lo que tenemos y de volver a darnos lo que teníamos y habíamos perdido.»

En sus conferencias sobre la educación como la ciencia de la paz, Montessori llegó a afirmar que «la característica de nuestro estado actual (de nuestra sociedad actual) es la locura, y el retorno a la razón es nuestra necesidad más inmediata» (Ginebra, 1921). En otras palabras, Montessori deseaba recalcar que la educación que no se centra solo en el cultivo del intelecto, sino que pone el énfasis en la formación integral del niño, es una educación que conduce a este hacia el desarrollo de una personalidad sana, sustentada en una sólida calidad interior y una voluntad de cambio en búsqueda de una sociedad mejor. Es interesante observar que casi un siglo atrás ya se ponía el acento en la tarea de la recta educación de los niños como vía para la construcción de un mundo de paz.

En cada niño late el germen de esa transformación, asegu-
raba Montessori. Es el maestro quien ha de orientar hacia este
objetivo los esfuerzos de la ciencia, porque en cada niño reside
el origen y la clave de los enigmas de la humanidad. El niño
guarda dentro de sí todos los elementos necesarios para aportar
emoción, sentimiento, espíritu, conocimiento y entrega amorosa
al servicio de la humanidad. Los primeros veinte años de la vida
son una tierra fértil sobre la que vamos echando la simiente, y es
el cerebro infantil, en la fascinante complejidad de su diseño, el
que ofrece lo esencial a nuestra siembra: elementos de fertilidad
infinita. Todo está allí, oculto y a la vez dispuesto a ser desvelado,
aguardando la sabia conducción de un maestro en la misión de
educar.

El maestro tiene la noble misión de trabajar esa tierra fértil
en dos planos: por un lado los talentos innatos del niño, proce-
diendo desde el sentir (lo emocional) hasta el imaginar; desde el
ilimitado vuelo de la fantasía infantil hasta el pensar (el sólido
desarrollo del intelecto, constructor de cultura) y de allí al crear,
fructífera labor de una mente sana y serena. En el otro plano, el

maestro parte igualmente del sentir, desde el plano emocional, buscando promover en su alumno la armonía a través del permanente fomento de ambientes emocionalmente seguros, y desde allí trabaja la interioridad del niño, conduciéndolo suavemente hacia los ámbitos de la espiritualidad mediante el descubrimiento de lo sagrado, de lo trascendente y del amor universal. Pero ¿es posible hoy una escuela donde se siembre humanidad para que, años más tarde, otros puedan cosechar sus dones?

Los requisitos para que el profesor pueda llevar a cabo una educación emocional efectiva son similares a los que debe cumplir la familia:

• Tener un conocimiento intuitivo o informado acerca de la edad infantil y adolescente, particularmente de sus características psicológicas y de sus tareas de cumplimiento.

• Conocer la importancia de los ambientes emocionalmente seguros en el desarrollo de la afectividad infantil.

• Poseer un razonable equilibrio psicológico y ausencia de psicopatología.

• Conocer técnicas efectivas de afrontamiento de conflictos.

• Emplear estilos efectivos de administración de la autoridad y el poder.

• Comunicación afectiva y efectiva.

• Verdadera vocación por la misión de maestro.

• Un permanente y sincero trabajo de autoconocimiento.

• Una reflexión crítica constante acerca de los sistemas de creencias y de su misión como educador.

El profesor debe poseer un sólido conocimiento acerca de las características neurobiológicas y psicológicas del niño y del adolescente, enriquecido con una mirada etológica, histórica y sociológica. Fenómenos propios de la niñez y adolescencia actuales, como el *bullying*, las conductas de riesgo, las tribus urbanas, el creciente dominio de las tecnologías, entre otros, deben ser conocidos y abordados con pericia técnica por los profesores. El maestro debe también ser consciente de que en él está ocurriendo un permanente crecimiento, paralelo al de sus alumnos, en el ámbito del aprendizaje. Su disposición a aceptar, entender y participar activamente del crecimiento cognitivo, emocional y social de sus alumnos genera en él un enriquecimiento personal y profesional, y engrandece su labor, otorgándole un sello profundamente humanista.

El profesor debe ser consciente de su papel protagonista en la génesis de un «clima de aula», el que puede ser favorable o desfavorable para el aprendizaje de sus alumnos y su propio crecimiento integral. Este es un punto muy importante en la práctica docente, por cuanto lo habitual es que la escuela como institución tenga un discurso manifiesto respecto al desarrollo emocional social de los educandos, pero lo ignora en el plano de las prácticas docentes cotidianas, haciendo caso omiso de las necesidades afectivas de los alumnos, de sus tareas de cumplimiento, de su vulnerabilidad emocional y de la diversidad, que clama por una educación inclusiva.

El impacto de la salud mental del profesor sobre su calidad como educador emocional y su capacidad para crear climas de aula que generen crecimiento emocional y cognitivo en sus alumnos, es un aspecto crucial. «Salud mental laboral» es un concepto de la salud preventiva que alude a un estado de bienestar integral del trabajador dentro de un medio laboral determinado. Numerosos estudios muestran que la salud mental del profesor de educación básica y media en numerosos países experimenta un creciente deterioro, con elevadas bajas médicas por enfermedades relacionadas con el estrés; creciente consumo de ansiolíticos, antidepresivos y alcohol; alta rotación de cargos y abandono temprano de la actividad docente.

Resulta preocupante comprobar que son estos maestros agobiados por el estrés quienes tienen a su cargo la educación emocional de niños y adolescentes. Más preocupante aún es el hecho de que los niveles elevados de estrés crónico que agobian al profesor derivan inevitablemente, tarde o temprano, en una depresión por estrés, lo que significa que los alumnos tienen como profesores a adultos excesivamente ansiosos, impacientes, intolerantes y rígidos. Al cabo de un tiempo, estos presentarán, adicionalmente a las manifestaciones ya enumeradas, una creciente irritabilidad, dificultades cognitivas (fallos de memoria) e impulsividad. Este conjunto de síntomas de estrés crónico emerge a través de las conductas, de los lenguajes no verbales (lenguaje facial y corporal, tono y volumen de la voz) y de la energía y el compromiso que el maestro pondrá en su labor diaria al entrar en el aula.

En este punto volvemos a recordar el potente mensaje de las neurociencias: el cerebro humano posee un sistema de «neuronas en espejo», el cual tiene un mecanismo de comprensión implícita de las acciones de los otros, facilitando la empatía y la intuición. En otras palabras, el cerebro del niño «lee» las emociones negativas del profesor afectado por el estrés crónico, realizando una «comprensión» implícita, automática, y sintonizando con ella. Es decir, la amargura, el desencanto, la desmotivación, la ansiedad, la irritabilidad del profesor, generan y perpetúan el desencanto, la desmotivación y el enojo en sus alumnos. Las emociones son contagiosas y todas ellas, en un diálogo implícito, crean climas de aula densos, tóxicos y favorecedores tanto de la apatía como del conflicto. El profesor aquejado de *burn out* (desgaste), término que alude a un conjunto de síntomas derivados del estrés laboral, pierde sensibilidad para atender a las necesidades emocionales de sus alumnos, limitándose a centrarse en la praxis, deshumanizando su labor y perdiendo todo vestigio de ilusión y compromiso.

Proteger la salud mental del profesor es, pues, una tarea urgente e ineludible, por cuanto con ello se está protegiendo al niño del contagio emocional de parte de un adulto que sufre y con quien está obligado a compartir muchas horas del día en una interacción cargada de mensajes. Esta meta debe abordarse de manera integral: relevar temporalmente al profesor de sus deberes no es solución, sino una mera anestesia pasajera a su dolor emocional; más grave aún es creer que los ansiolíticos y/o antidepresivos «curarán» el agotamiento físico y psíquico. Se requieren medidas multidisciplinarias, centradas en el trabajo individual con el maestro; en técnicas grupales de efectividad en el abordaje de conflictos; en estrategias organizativas que afecten a las escuelas, todo ello acompañado de un mejoramiento sustancial de las condiciones laborales del profesor, especialmente en lo relativo a remuneraciones, clima laboral, recursos, duración de la jornada laboral, etc.

Resolución de conflictos en el aula

La autoridad es el núcleo alrededor del cual se articula la educación de los niños. Los maestros poseen una doble investidura de autoridad: la que les confiere la labor y la que les otorgan los padres de los alumnos, que delegan en ellos el continuar su tarea educativa. Pero hemos visto en el capítulo VI que es posible identificar dos tipos de autoridad: una de ellas frena la tarea de enseñar, mientras que la otra la favorece y enriquece.

La autoridad que el maestro sustenta en el poder de castigar a sus alumnos o recompensarlos, y que se basa en la posesión de dominio, es la que por siglos ha otorgado a los profesores el título de «maestro autoritario» y sigue siendo un título *loco parentis*, es decir, conferido por los padres para continuar en el aula la tarea de disciplinar que ellos ejercen en casa. Este tipo de autoridad crea dependencia en los alumnos y provoca una emocionalidad negativa que se va transformando con el tiempo en un caldo de cultivo para la rebeldía, además de enrarecer hasta tal punto el clima del aula que se aborta toda posibilidad de sembrar aprendizajes efectivos.

La autoridad sustentada en la dialéctica dominio/sumisión es extraordinariamente tóxica para el desarrollo integral del alumno y contraria a toda posibilidad de educación emocional. Los niños pequeños, que idealizan a sus padres y maestros y están en una posición de dependencia casi total del adulto, aceptan sin cuestionamiento alguno esta autoridad sustentada en la subordinación, pero a medida que van creciendo y conquistando autonomía y capacidad de juicio objetivo, van apreciando las profundas debilidades y carencias del adulto autoritario, rebelándose. A esas alturas de su desarrollo, ya ha echado profundas raíces en sus corazones, inicialmente aglutinadas en torno a una emoción básica paralizadora del crecimiento emocional y cognitivo: el miedo. Del miedo nace el encono, la hostilidad, la resistencia, la actitud desafiante, la confrontación y la venganza, sentimientos que empiezan a incubarse a partir del segundo ciclo de enseñanza básica, precisamente en el momento en que los chicos finalizan la etapa prepuberal y emerge en ellos, con inusitada fuerza y colosal gozo, la voluntad de autodeterminación, de autonomía y de apasionada defensa de sus derechos.

Paralelamente, los profesores van perdiendo recursos de poder, los cuales van quedando limitados al uso de las calificaciones como forma de disciplinar y someter, a actitudes abiertamente humillantes o despectivas, y a las temidas suspensiones, que en los adolescentes pasan a menudo a constituir premios que refuerzan sus conductas de rebeldía. Se instala así en los alumnos de enseñanza secundaria, abocados a tareas de cumplimiento centradas en la definición de una identidad y en el afianzamiento definitivo de la capacidad de autodeterminación, el germen de la rebeldía. Este dará origen a esa crisis, erróneamente considerada normal por muchas corrientes psicológicas, denominada «la brecha generacional», definida como una ruptura «esperada» entre el mundo adulto y el mundo adolescente.

En realidad, la brecha generacional no es sino la expresión de la voluntad por parte de los adultos que tienen una misión educativa de perpetuar y defender a ultranza su autoridad sustentada en el dominio y en el control coercitivo. No obstante, es preciso admitir que este grueso error en la práctica educativa, que sostiene como inevitable la ruptura y admite como necesario un mayor control, no provoca de manera espontánea la ruptura intergeneracional con el advenimiento de la adolescencia; dicha ruptura se ha venido gestando subterráneamente desde antes, cuando el adolescente era niño y crecía en su interior el poderoso y corrosivo miedo al adulto. Más temprano que tarde, algunos de esos adolescentes comenzarán una resistencia al mundo adulto y, en aquellos casos en los cuales se agregan factores sociales adversos, a la violencia y a las conductas llamadas antisociales y vandálicas.

¿Qué ha ocurrido en el interior de esos otrora niños y niñas que no solo dependían de sus maestros, sino que confiaban ciegamente en ellos y se esmeraban en hacerse merecedores de sus premios mediante la docilidad y la sumisión? El proceso de modificación de la emocionalidad sana, positiva, natural, propia de todo niño pequeño que confía en los adultos, ha sido lento, silencioso, gradual, pero infalible; la confianza va siendo reemplazada por el recelo; la gratitud por el deseo de venganza; la quietud por el encono; la ilusión por el desencanto.

Nace en el interior de ese niño una formidable lucha por eliminar esos dolorosos sentimientos y emociones, acudiendo en su auxilio los llamados «mecanismos de defensa» que, tras una profunda crisis pasajera, se convertirán en fuerzas adaptativas y de resiliencia en unos pocos, pero que en la mayoría irán conformando estructuras de personalidad profundamente neuróticas, sustentadas en una afectividad negativa y dando paso a conductas de conformismo, obediencia, sumisión, pasividad, búsqueda de aprobación a través de incondicionalidad lisonjera al maestro, o de abierta rebeldía y búsqueda de realidades más amables a través del alcohol, la droga o el sexo sin compromiso. Los menos resilientes buscarán en la violencia social la perfecta salida a su ira.

Los adolescentes y jóvenes que poseen recursos de resiliencia recurren a mecanismos de «sublimación» de la ira. En vez de transformar su miedo en encono y represalias, luchan por mantener viva en su interior la llama del optimismo, mostrándose creativos, proactivos y comprometidos en distintas áreas de la vida escolar como la música, el deporte y otras actividades de carácter social. Aquellos con capacidad de liderazgo se organizan dando origen a centros de estudiantes, periódicos, talleres literarios donde pueden manifestar su descontento y denunciar los abusos de poder de forma indirecta, o abiertamente a través de manifestaciones callejeras pacíficas, entre otras.

Mecanismos de defensa «sanos» o neuróticos, ambos sin excepción, se dirigirán contra el maestro autoritario, precipitando en él un derrumbe emocional al estilo de una «muerte anunciada». Numerosos trabajos sobre el *burn out* o desgaste laboral señalan que los rasgos de personalidad y estilo de autoridad del profesor desempeñan un papel clave en la aparición de este peligroso y a menudo irreversible quiebre psicopatológico. Un maestro que en vez de alumnos se enfrenta a enemi-

148

gos beligerantes, dependiendo de sus recursos para afrontar el estrés, finalmente escapará del dolor emocional derivado de la percepción de rechazo renunciando a su cargo, refugiándose en los fármacos o en el alcohol, somatizando su impotencia, paralizándose en la pasividad estéril del «técnico» que instruye de forma despersonalizada, o atacando sin piedad a través de la venganza. De un modo u otro, la dinámica corrosiva del poder autoritario ha escrito el guión de una tragedia universal: quedar irremediablemente solo.

Por desgracia para ese profesor, en las labores de índole social la calidez del afecto de los otros es imprescindible para mantener el optimismo, el deseo de crecer, de innovar, de crear. Observar los efectos de una siembra fructífera concretada en aprendizajes efectivos es el noble motor de la enseñanza. Lamentablemente, en un aula donde reinan el recelo, la ira, la desconfianza, el miedo, el encono, toda posibilidad de crecimiento cognitivo ha sido abortada. Los alumnos se transforman en robots de mente cerrada y corazón frío. En esa aula se ha instalado el germen de la deshumanización.

Pero el profesor tiene en su interior todos los recursos para ejercer una autoridad legítima y democrática en vez de autoritaria; flexible en lugar de rígida; cercana y no parapetada en las trincheras del antagonismo. De modo similar a la autoridad parental sustentada en estas virtudes, existen fórmulas para adquirirla, practicarla, enriquecerla y cosechar sus frutos. Su logro transforma al profesor, le otorga la gracia del verdadero poder que es la efectividad, la capacidad de generar cambios integrales en sus alumnos, conduciéndolos a actualizar plenamente sus potencialidades a través de tocar su interior, despertando lo mejor de cada uno, apaciguando sus temores y sus incertidumbres, conduciéndolos a la conquista de la conciencia de sí y luego a la gran conciencia creadora, despertando en cada niño y en cada adolescente el sentido de su humanidad. Se trata entonces de aceptar que el maestro ha de ser autoridad, pero que dicha autoridad se gana, se conquista mediante un paciente trabajo de enriquecimiento interior que debe conducirlo a su transformación.

La condición esencial de este tipo de autoridad es el cambio de mirada sobre el otro, sustentada en el respeto y el amor. «La persona surge como rostro que me interpela», dice Ciro Schmidt. «Si no estoy con la emoción que incluye al otro en mi mundo, no me puedo ocupar de su bienestar», afirma Humberto Maturana. El nuevo paradigma de la autoridad del profesor ha de centrarse en el respeto al alumno en cuanto persona, el compromiso con sus necesidades afectivas, la voluntad de crear en todo momento ambientes emocionalmente seguros y la capacidad para conducir a los alumnos por la senda del crecimiento integral, otorgándoles la posibilidad de cambio desde su libertad interior en vez de hacerlo desde la obediencia impuesta.

Este paradigma es exigente para con el profesor; le señala que es infinitamente más fácil sustentar su imagen de autoridad en el poder del dominio y en la intolerancia, y lo invita a seguir la senda más compleja, aquella que lo interpela en lo más profundo de su ser y le exige un permanente trabajo interno de reflexión, de autoconocimiento, de autocrítica, de renovación de sus sistemas de creencias, de pericias en el abordaje creativo de conflictos y en habilidades de comunicación afectiva. Pero, por encima de todo, le exige vocación y un infinito amor por el niño y el joven. El profesor que busca efectividad real debe empezar por creer en sí mismo para poder creer desde el corazón que, como maestro, tiene un papel trascendental en el destino de sus alumnos.

Capítulo VIII

Inteligencia emocional y resiliencia: vino viejo en odre nuevo

Nunca vi la lengua en espiral de las mariposas,
pero sí vi morir un hombre al serle arrebatada su libertad.

ISMAEL ALONSO, crítico de cine

Howard Gardner planteó la existencia de diversos talentos en los niños, que codificó en ocho grandes «inteligencias». En lo medular, su teoría plantea la existencia de numerosos talentos humanos, los que se insinúan desde muy temprano en la niñez, aguardando la mano generosa del estímulo. En efecto, cada niño muestra desde pequeño su propio perfil de talentos, evidente tanto en sus elecciones, juegos y nacientes destrezas como en aquellas actividades que rechaza o ignora, y que podríamos suponer que constituyen su flanco débil en dicho perfil cognitivo. De ellos, los talentos interpersonales e intrapersonales se relacionan íntimamente con la afectividad, permitiendo colocar las emociones al servicio de la adaptación social y del autoconocimiento.

Talento interpersonal:

• Tiene su asiento en las regiones funcionales del hemisferio derecho que participan en las habilidades comunicativas básicas y en la administración de recursos cognitivos al servicio de objetivos sociales: pragmática, mentalización, dominio de los lenguajes no verbales.

• Suele darse en chicos de naturaleza extrovertida, con carisma, empáticos y seductores, aun cuando también se observa en niños tímidos pero con un potente desarrollo de la pragmática y de la mentalización.

• Es potenciado por el talento lingüístico, especialmente en el nivel discursivo.

• Determina intereses vocacionales por las actividades de servicio social, de relaciones públicas, de liderazgo, de representación.

Talento intrapersonal:

• Tiene su asiento en las regiones de dominio lingüístico, lógico y reflexivo. Está al servicio de la introspección, del autoconocimiento, del análisis autocrítico y autoevaluativo de la propia conducta.

• Suele darse en niños más bien introvertidos, con un rico mundo interior, que disfrutan de la soledad, que gustan de la lectura y que poseen un muy buen dominio discursivo.

• Los chicos muestran intereses vocacionales en la línea de la filosofía, psicología, sociología, literatura, poesía.

Sobre la base de estos dos talentos, en 1990 los psicólogos estadounidenses Peter Salovey y John Mayer definieron un nuevo modelo de inteligencia, a la que llamaron «emocional», constituida por la capacidad de monitorear y regular los sentimientos propios y ajenos utilizándolos para guiar el pensamiento y la acción. Poco después, en 1996, el psicólogo social Daniel Goleman publicó el superventas *Inteligencia emocional*, introduciendo elementos de las neurociencias y ampliando el concepto a través de la incorporación de otras destrezas tales como motivación, empatía, autorregulación y habilidades sociales. De allí en adelante, el término «inteligencia emocional» y su derivado, el cociente emocional (CE), pasan a constituir tema obligado en encuentros, debates y mesas de trabajo en el campo educacional y laboral, mientras Daniel Goleman se dedica a desarrollar de manera cada vez más amplia y profunda el tema y sus proyecciones.

La inteligencia emocional debe mirarse como la consecuencia de dos fenómenos interrelacionados: por una parte, un estado de armonía interna y de equilibrio emocional, y por otra, un corpus de destrezas, muchas de ellas aprendidas, que conducen al autoconocimiento, la autorregulación y la habilidad interpersonal. Estas destrezas son susceptibles de ser enseñadas a toda edad, y enriquecidas y potenciadas a lo largo del ciclo vital; sin embargo, durante los primeros veinte años de la vida, ellas son la consecuencia natural de una correcta educación emocional.

Está claro que ningún programa orientado a estimular aptitudes para el liderazgo, el trabajo creativo y las relaciones interpersonales sustentadas en la empatía, puede tener el mínimo éxito si previamente no se garantiza que el grupo a entrenar está emocionalmente sereno y equilibrado. Esto es imperativo en la niñez: todos los niños necesitan ser amados y nutridos en sus necesidades afectivas, antes que nada. Solo a partir de ese momento serán lo bastante permeables para recibir «educación emocional». Esta, a su vez, derivará en este constructo mal llamado inteligencia emocional, por cuanto se trata más exactamente de un conjunto de habilidades sociales al servicio de las interacciones con otros, es decir, inteligencia social o relacional.

A lo largo de las dos primeras décadas de la vida, los adultos significativos acompañamos a los niños en las dos grandes tareas del crecimiento emocional relacional: por una parte, hacia la actualización de esas capacidades innatas, que poseen desde el nacimiento y que les permiten interactuar con otros desde las emociones, construyendo un sólido corpus de sentimientos que se organizan desde los más básicos hasta los más nobles valores humanitarios, y por otra en la construcción de una conciencia de sí, un autoconocimiento que le permitirá acceder a la verdadera felicidad concebida, en palabras del educador japonés Tsunesaburo Makibuchi, como ese estado de la vida en que el hombre se hace responsable de su bienestar integral, personal y social, como objetivo vital y de servicio a los otros.

Fortaleza ante las adversidades

La conmovedora historia de una joven que sufre un accidente en la vía férrea que le cuesta la pérdida de parte de sus extremidades, dejándola en una condición de discapacidad que ella transforma en una oportunidad de mostrar su coraje, es un claro ejemplo de lo que actualmente se conoce como «resiliencia». Este concepto clave en las disciplinas de carácter social muestra que las adversidades y el estrés no han de provocar necesariamente un derrumbe emocional irreversible en las personas. Al modo del ave fénix, niños y adultos «resilientes» se yerguen sobre las cenizas del infortunio y muestran su coraje y su sabiduría de vida. Distintas corrientes teóricas se han apropiado de este apasionante rasgo de la personalidad humana, intentando desvelar su misterio y de calibrar la importancia de los condicionantes biológicos, psicológicos y sociales en su génesis.

En el ámbito psicológico, se ha enfatizado el papel de dimensiones cruciales como un sano autoconcepto, en especial, una sólida autoestima, una fuerte autoeficacia, madurez cognitiva y emocional, habilidades intra e interpersonales (capacidad reflexiva, flexibilidad) y mecanismos sanos de defensa ante el ataque del estrés. En el terreno de lo social, se destaca el papel de las experiencias positivas de la vida que consolidan una mirada optimista sobre la misma y sus desafíos. A pesar de la intensa investigación sobre resiliencia, todavía no se ha logrado un consenso en términos de identificar la jerarquía de los factores que la determinan ni de la dinámica de las relaciones e interacciones que estos factores llevan a cabo en el interior del individuo a lo largo de su desarrollo. No pretendemos en este capítulo llevar a cabo un análisis de las discusiones en torno a esta crucial problemática explicativa, sino simplemente destacar lo que nos parece más relevante en relación con los planteamientos de este libro.

La fortaleza ante las adversidades es un rasgo de la personalidad humana que se sustenta en una particular conjunción de factores biológicos, psicológicos y sociales ampliamente abiertos a la impronta de la experiencia. En otras palabras, ser resiliente depende en gran medida de los otros significativos.

En lo biológico, lo esencial es el potente efecto neurotrófico del amor prodigado al niño desde antes de nacer y durante los primeros cinco años de vida. Son factores neurotróficos todos aquellos que fortalecen el cerebro desde sus inicios en el útero materno, produciendo neuronas sanas y fuertes y conexiones interneuronales sólidas y precisas.

Los tres principales factores neurotróficos son:

• El amor incondicional hacia el niño desde su gestación, lo cual enfatiza el papel crucial del apego y de los primeros vínculos.

• La protección activa, permanente y comprometida contra los dañinos efectos del estrés, en especial la negligencia afectiva y de cuidados básicos, y el maltrato psicológico y físico.

• La estimulación temprana centrada en la calidad de la entrega afectiva y la riqueza, oportunidad y equidad en el traspaso de estímulos y experiencias enriquecedoras.

En el aspecto psicológico, la resiliencia de un niño va a depender del adecuado fomento y fortalecimiento de la autoestima; del temprano despertar de una sólida conciencia moral y espiritual y de la fuerza interna que obtiene cuando establece una fuerte vinculación afectiva con un adulto que despierta y nutre, en ese niño, el asombro ante la belleza de la vida y logra grabar con sabiduría en su alma los grandes valores éticos humanos.

Óscar Ñique Cadillo, un maestro peruano, plantea lúcidamente este interrogante: «¿De qué valdría el mejor letrado del mundo si en él no nace o se forma un hombre nuevo?» En su tránsito hacia la adultez, los niños se cruzan con legiones de adultos preocupados por instruirles, por mostrarles el camino hacia el éxito, la realización personal, el triunfo profesional, el dominio del conocimiento al servicio de la conquista del bienestar material. Legiones de adultos que aprueban con sonrisa indulgente la lucha de un chico por erradicar el maltrato animal, pero se encargan de advertirle irónicamente que «esos pasatiempos no te ayudarán a ganarte la vida… Estudia, sé un profesional exitoso, gana dinero y ayuda con él a las instituciones de beneficencia».

Pero unos pocos afortunados se cruzan con un adulto de mirada diáfana que los invita a continuar por la senda que otros reprueban. Su impronta y su estilo es variado; se trata por lo general de abuelos o abuelas que conservan intactos sus talentos innatos, una infinita capacidad de imaginar que les permite soñar mundos mejores e invitar al niño a soñar con ellos, cuestionar la realidad inmediata invitándolos a incursionar en el misterio de la literatura, el buen cine, la poesía; descubrir el siempre renovado asombro ante la belleza de lo simple y de lo inconmensurable, compartiendo con el niño tanto el lúdico goce de recoger las hojas otoñales como la reverente emoción con que escucha la *Pasión según san Mateo*, de Johann Sebastian Bach. En cada encuentro con el niño, ese adulto crea escenarios mágicos propicios para la charla, la reflexión, el cambio de mirada, el cuestionamiento crítico y la comprensión empática de las debilidades de otros adultos significativos, cuyas acciones centradas obsesivamente en el disciplinar, controlar y corregir provocan dolor, rabia e impotencia en el niño. La infinita riqueza de estos encuentros entre ese adulto y ese niño va sembrando en este la simiente de la grandeza: capacidad reflexiva como senda hacia el autoconocimiento; sentido de la trascendencia como camino hacia la sabiduría; comprensión empática de la tragedia de la vida como vía hacia el amor compasivo.

Por desgracia, estos adultos son poco frecuentes en la sociedad actual. Cuántos abuelos poseedores de esta sabiduría han intentado infructuosamente acercarse a sus nietos para entregarles sus dones antes de partir hacia la eternidad, pero se han encontrado con la férrea negativa de los padres, quienes sustentan su rechazo argumentando razones que van desde el clásico «solo sabes consentirlo y malcriarlo», hasta «la abuela con sus cháchuras revolucionarias está deformando la mentalidad de nuestra hija; a sus doce años ya se atreve a opinar sobre errores de la política educacional… ¡Qué nos espera cuando tenga quince!», o «¡abuelo, deja de fomentar la pereza en Andrés… Se está habituando a perder tiempo escuchando música contigo cuando su deber es estudiar! Tú eres un jubilado dueño de tu ocio, en cambio él... se prepara para ser alguien en el mundo laboral».

Y cuántos maestros poseedores de similar sabiduría tienen la valentía de abandonar la tarea de cumplir el programa «pasando la materia», haciendo un alto en su labor de instructor cognitivo para salir con sus alumnos a mirar el firmamento, observar las hormigas, deleitarse ante el perfecto diseño de una flor, escuchar con los ojos cerrados y en silencio la sonata *Claro de luna*, de Beethoven, o reflexionar acerca de la pobreza. En algún momento serán llamados con carácter de urgencia al despacho del director de la escuela para recibir una advertencia: o retoma su labor de profesor enseñando lo que está señalado en el programa, o deberá dejar el cargo, pues ya hay quejas de poderes alarmados porque sus hijos, que les relatan con entusiasmo las incursiones al mundo de las hormigas o de Beethoven, los han puesto sobre alerta acerca de un maestro que los invita a perder el valioso tiempo escolar.

Resiliente es entonces aquel niño nutrido en el amor de sus padres que logra, gracias a ese amor, mantener intacta su armonía emocional en un mundo donde acecha el estrés y que algún día fue invitado por un loco soñador y poeta a imaginar mundos posibles, a creer en la belleza del misterio y a conquistar la verdadera libertad, que consiste en descubrir en su interior ese soplo sutil llamado alma.

CAPÍTULO IX

DE LA TEORÍA A LA PRÁCTICA: EDUCAR LAS EMOCIONES ES EL ARTE DE ENSEÑAR A SER HUMANO

La educación rectamente concebida
tiene por objeto la perfección del hombre.
La educación debe ser hecha con amor,
porque el amor hace a la persona libre y responsable.

CIRO SCHMIDT, *Pensando la educación*

En los capítulos anteriores hemos analizado los aspectos teóricos de la educación emocional, desde los factores biológicos que explican dichas emociones hasta el papel de los educadores protagonistas en la vida de los niños: padres y profesores. Sin duda que las reflexiones contenidas en dichos capítulos son igualmente válidas para actores secundarios, pero no por ello menos significativos: abuelos, tíos, hermanos mayores, personal no docente de las escuelas, etc.

Sin embargo, permanece latente un gran interrogante: ¿cómo llevar todas esas consideraciones a la práctica?

Teoría es conocimiento. Si un profesor de secundaria sabe que sus alumnos, en su gran mayoría adolescentes de dieciséis a diecisiete años, atraviesan por una fase de remodelado cerebral que los torna emocionalmente inestables, presas de angustias existenciales y vulnerables al estrés, sin duda tiene en sus manos un conocimiento muy valioso para diseñar y fortalecer ambientes emocionalmente protegidos en su aula.

El dilema es la praxis ¿Cuáles han de ser las estrategias para conseguir dicho objetivo?

Los primeros veinte años de la vida son el escenario propicio para llevar a cabo esta educación. Para ello conviene identificar en estas décadas cruciales las denominadas fases sensibles, que son momentos madurativos durante los cuales la simiente cae en terreno muy fértil.

Primera fase sensible: entre el tercer mes de vida intrauterina y los ocho meses de edad

El niño inicia el proceso del apego antes de nacer. Las emociones y sentimientos de la madre respecto de su bebé provocan poderosas corrientes de energía y de mensajes químicos que graban a fuego las primeras vivencias de saberse amado o rechazado, modelando en las estructuras primarias de la vida emocional figuras indelebles de fe o de recelo. Luego, desde el instante en que nace, la experiencia de abandono del útero materno y la lucha por sobrevivir, seguidas por los recuerdos de los primeros cuidados procedentes de la madre o cuidadora, inscribirán sucesivas marcas emocionales que irán desde el miedo al desamparo a la más profunda dicha.

Poco a poco, el miedo irá cediendo paso a una emocionalidad predominantemente positiva, que denominamos armonía emocional, caracterizada por sentimientos básicos de alegría vital, apertura a las experiencias y serenidad. A partir de los dos meses de vida y por espacio de seis meses, el bebé se abre gozosamente a los vínculos con nuevos actores, ampliando sus sentidos a toda vivencia afectiva en la cual se percibe protagonista. Son meses en los que el niño tiende confiadamente sus brazos a cualquier adulto que lo invite, sonriéndole con la más absoluta calidez y entrega.

Alrededor de los ocho meses maduran estructuras que despertarán en el bebé un creciente miedo a los extraños, apareciendo llanto y conductas defensivas ante toda persona que no identifica como familiar o como afectivamente significativa.

Queda claro entonces que la misión primera en la educación emocional del niño es garantizar a todo bebé el derecho a establecer vínculos intensamente afectivos desde antes de nacer. Para ello es deber de todos ofrecer a las madres gestantes y con hijos recién nacidos o lactantes una protección integral, que incluya desde ambientes emocionalmente protegidos donde llevar a cabo su tarea vincular, hasta detectar tempranamente rupturas emocionales que impidan el éxito de esa trascendental tarea. Las depresiones posparto, la soledad afectiva, la inseguridad económica, la inestabilidad laboral o de vivienda, la sobrecarga de obligaciones, entre otros, son factores poderosamente dañinos para que la madre pueda llevar a cabo exitosamente la tarea del apego.

El resultado es desolador: un niño recién nacido que recibe cuidados negligentes o es abandonado a su suerte, experimenta profundos y devastadores efectos sobre las estructuras de la vida emocional, dañándose, a veces de forma irreversible, su capacidad para experimentar y dar amor. Durante los primeros cinco años de vida, las rupturas vinculares ocurren fácilmente; basta con infligir a ese niño heridas emocionales a través de la negligencia afectiva, el maltrato, el abuso y/o prácticas vinculares inconsistentes o abiertamente patológicas. Los niños con débil resiliencia biológica serán los que más dañados resultan, en ocasiones de forma irreversible. En ellos, los ulteriores intentos por educar sus emociones resultarán extraordinariamente arduos y, quizás, estériles.

Esteban y Marcia, estudiantes universitarios, inician una relación sentimental que deriva en un embarazo no deseado. Después de algunas sesiones psicoterapéuticas en un centro de atención psicológica de la universidad, Marcia logra aceptar al hijo que lleva en su vientre, experimentando una creciente alegría, la que acaba abruptamente cuando da a luz una niña que presenta una amplia fisura de labio superior y paladar. Marcia no logra reponerse, llevando a cabo un pobre proceso de apego caracterizado por el rechazo a mirar a su niña, el cual empeora cuando debe enfrentar los múltiples desafíos que le plantea la alimentación de la misma. Esteban, por su parte, abandona a Marcia a su suerte sin aceptar su paternidad. Marcia regresa al hogar paterno, donde la reciben con frialdad y le niegan el apoyo afectivo que pide.

Tres años más tarde, Marcia es enviada con su niña a un servicio de salud mental, donde se señala un posible trastorno autista en la pequeña. El oportuno diagnóstico de trastorno vincular y la indicación de terapia, unida a una exitosa corrección quirúrgica de la malformación facial, permiten que Marcia repare sus deficiencias en la capacidad de vinculación con la pequeña, que experimenta alentadores y continuos progresos en su capacidad comunicativa y la adquisición de habilidades cognitivas.

Esta pequeña sufre un serio revés en su proceso de apego. Su malformación facial provoca en su madre un rechazo que agrava la precaria situación de una bebé que presenta serias dificultades para alimentarse. La niña experimenta un severo estrés que daña las estructuras de la vida emocional con el consiguiente impacto intelectual y emocional, el que se expresa como un trastorno del desarrollo con características autistas.

No obstante, las estructuras dañadas al nacer por un apego insuficiente poseen una activa capacidad de regeneración; el oportuno diagnóstico de trastorno del apego y la instauración igualmente oportuna de un trabajo de reparación son estrategias terapéuticas que ponen en marcha dicho proceso regenerativo, con un beneficioso impacto sobre el desarrollo cognitivo y emocional de la pequeña.

Isabel es mamá por primera vez. La precaria situación económica del matrimonio determina que deba entrar a trabajar cuando su bebé, Benjamín, acaba de cumplir nueve meses. Un frío día de otoño, Isabel llega a la guardería de la empresa llevando a su retoño; su corazón está transido de pena. La recibe una auxiliar que, con aire de impaciencia, muestra una excesiva preocupación por verificar si en el bolso que le entrega Isabel están todos los implementos que requiere el nuevo huésped —pañales, biberón—, sin reparar en la congoja de la joven madre. Finalmente, coge con brusquedad al bebé, que oculta el rostro en el cuello de la mamá, llorando y aferrándose espasmódicamente a ella, que apenas logra retener sus lágrimas. La auxiliar se irrita: «¡Qué consentido es este chiquillo! Ven aquí, que tu madre tiene que ir a trabajar... Te vas a portar bien ¿eh? ¡Nada de llantos conmigo!»

En esta situación, es posible ver lo siguiente:

• La joven madre experimenta miedo y congoja por tener que separarse de su niño.

• El niño (cuyas «neuronas en espejo» son sensibles a los estados emocionales de la madre) descodifica esas emociones negativas y sintoniza con ellas. La energía de la madre llega al niño a través del estrecho abrazo que los une, inquietando al pequeño y transmitiéndole por otra vía las emociones de aquella.

• La auxiliar está irritada, impaciente, envía a Isabel potentes mensajes no verbales y claves en lenguaje emocional facial y corporal que la intimidan; además, crea a su alrededor otro campo energético negativo, que es captado por el niño y por la madre, reforzando en ambos la aguda e intolerable percepción de amenaza y la consiguiente emoción de miedo.

• La auxiliar parece ignorar que un bebé de nueve meses la ve como a una extraña y que solo a través de validarla como un adulto significativo logrará aceptarla y se entregará confiadamente.

• También parece ser indiferente a la congoja de una madre joven que debe separarse de su pequeño, y en vez de confortarla, se muestra despectiva.

Podemos también predecir ciertas situaciones futuras que ocurrirán al modo de una «crónica anunciada»: durante los próximos meses el bebé de Isabel se mostrará muy irritable, confirmando los juicios de la auxiliar acerca de que es «consentido»; contraerá varias infecciones virales y se agudizará una leve dermatitis en la zona del pañal, alcanzando niveles de atopia (dermatitis generalizada severa).

¿Cuál debería ser la situación favorecedora de una adecuada educación emocional? Para responder a esta pregunta debemos tener en cuenta que un bebé de nueve meses:

• Depende de un adulto significativo para regular sus estados emocionales.
• Es muy vulnerable a experimentar miedo.
• Está en la fase de vinculaciones específicas, altamente selectivas.
• Establecer una vinculación es un proceso gradual.
• Un vínculo exitoso con un niño pequeño exige que el adulto esté dispuesto a validarse ante él como persona significativa.

En consecuencia, al recibir a Isabel, la auxiliar de la guardería debería disponerse a sintonizar con las emociones de la madre, las cuales pueden ser fácilmente presupuestas por quien trabaja en guarderías y está habituado a recibir madres primerizas (anticipación empática). Con lo cual, la auxiliar debe acudir a recibirla afectivamente dispuesta.

Asimismo, debe «leer» la congoja y el miedo de Isabel, tanto en forma automática como a través de una lectura reflexiva; recoger datos: la ve humildemente vestida, casi niña, asustada, y experimentar un profundo cariño. Se debe dirigir a ella con suavidad, alabando al bebé; debe desestimar la preocupación de Isabel respecto de si habrá llevado todo lo necesario, garantizándole que, si falta algún elemento, en la guardería se lo facilitarán. Finalmente, le debe sugerir que se quede esa mañana con su bebé hasta que este se habitúe a su nueva «residencia» temporal; ella irá «conquistándolo» gradualmente, con suavidad, pues es natural que un bebé de nueve meses tenga miedo de quienes no conoce.

Segunda fase sensible: entre los dos y los cinco años

Entre los dieciocho meses y los dos años se inicia la primera y esencial tarea del desarrollo emocional, sin la cual todo intento educativo hacia el logro de la inteligencia emocional o relacional sería infructuoso: la conquista de la autorregulación emocional. El niño debe ser capaz, de forma gradual, de aprender a identificar sus emociones, modularlas, ajustándolas a las circunstancias y efectuando un control interno de ellas. Para el logro de este objetivo, cuenta con los siguientes recursos:

• Su poderosa fantasía al servicio de la imaginación, del juego y de la representación como forma de transformación de la realidad.

• La capacidad de simbolizar la protección de la madre y/o de su hogar en ciertos objetos y rituales con elevado contenido afectivo.

• Su confianza en el amor y la protección de los adultos significativos.

René tiene cuatro años y dos meses. La familia acaba de comprar una espaciosa casa y han aprovechado para instalar al chico en su dormitorio, ya que a causa de un reflujo gastroesofágico hasta entonces dormía en la habitación de sus padres, con el objeto de prevenir eventuales problemas derivados de aquel. Pero el pediatra les ha indicado que el reflujo está superado y que René ya está en condiciones de dormir solo.

Un lluvioso día de junio se lleva a cabo la mudanza y esa tarde René es acompañado por su madre a acostarse en una acogedora camita; su habitación ha sido alegremente decorada y para que no tenga miedo le han colocado tras la cama una suave luz indirecta. Pero René no está dispuesto a dormir. Insiste en jugar, se levanta, corre a la habitación de los padres y se oculta en el armario. La madre lo lleva de regreso al dormitorio, algo ofuscada por la desobediencia del chico. La escena se repite varias veces, hasta que la madre, exasperada, exige la presencia del padre para que «ponga orden». Este, molesto porque han interrumpido la tarea de ordenar sus libros en los estantes, acude con actitud de enojo y con voz estentórea ordena a René que se duerma de inmediato si no quiere que apague la luz y cierre la puerta. Pero el chico opta por gritar aferrándose al cuello de la madre, quien es acusada por el padre de «protegerlo y consentirlo en exceso». Finalmente, René vomita, con lo cual demuestra a su madre que el reflujo aún está activo, y acaba durmiendo en la cama de los padres.

En esta historia podemos observar lo siguiente:

• Se trata de un niño en edad preescolar, cuyas características psicológicas son la ansiedad de separación y la dificultad para autorregular sus estados emocionales.
• La emoción predominante en René el primer día en la casa nueva y el dormitorio propio es el miedo.
• Debido a su corta edad y a probables deficiencias en su educación emocional, René no logra verbalizar ese miedo, transmutándolo en una conducta de negativismo y desobediencia que refleja intensa ansiedad y necesidad de ser confortado.
• Los padres no saben leer las conductas del niño en clave emocional, interpretándolas como «manipulación».
• No hay acuerdo en los padres respecto a cómo abordar las conductas del chico. La madre, progresivamente más exasperada, ensaya diversas estrategias, todas fallidas, hasta recurrir al padre como figura de autoridad. Este, a su vez, la descalifica delante del niño.
• El padre ha elegido el camino fácil: ser autoridad por do-

minio/sumisión. Debe mostrar al niño que es el adulto quien tiene el poder y que su desobediencia puede ser severamente castigada, dejándolo a merced de su peor enemigo: el miedo.

• El niño, inerme frente a la amenaza, pierde todo autocontrol, emergiendo primero la rabia de quien se sabe impotente y luego el pánico, expresado mediante el vómito, una intensa reacción de activación autonómica a través de su «talón de Aquiles».

Y es precisamente su vulnerabilidad a somatizar la ansiedad y el pánico su tabla de salvación. Acaba ganando el litigio, pero deja varios heridos en el camino: un padre furioso con su hijo, que a temprana edad ha puesto a prueba su autoridad; con la esposa, que ha sucumbido a la «manipulación» del niño, y con él mismo, que no ha sabido imponer con firmeza su papel y ha perdido un valioso tiempo para ordenar su preciada biblioteca.

¿Cuáles deberían ser las estrategias que educaran emocionalmente a René, evitando dejar en los padres resentimiento, frustración y enojo?

• Anticipar de modo empático la situación: dos cambios simultáneos en la existencia de un niño tan pequeño son experiencias traumáticas, generadoras de ansiedad intensa y miedo.

• Sintonizar con las emociones del niño, invitándolo a atenuar su ansiedad a través de su participación en la mudanza, haciéndolo partícipe activo de la experiencia. Conscientes del visceral miedo del hijo, ambos padres acuerdan hacerlo dormir en su propia habitación, pero intentando aplacar ese miedo; para ello, el padre ha comprado un gran león de peluche, que ha puesto a los pies de la cama y presentado como el guardián de esa habitación. Juegan todos a buscarle un nombre, con lo cual los padres hacen compañía al niño y calman gradualmente su ansiedad. Finalmente lo acompañan a dormir, garantizándole que la luz quedará encendida toda la noche. El chico abraza a su león y se duerme escuchando de boca del padre el cuento *El sastrecillo valiente*. Esta compañía amorosa se repite durante varios días, hasta que René se habitúa a su nuevo hogar y dormitorio. En pocos días ha aprendido dos lecciones muy valiosas: que es capaz de vencer el miedo cuando cuenta con un aliado poderoso como su león. Y que es un niño afortunado, porque sus padres sintonizan con sus miedos, legitimándolos y mostrándose dispuestos a confortarlo. Ha vencido al monstruo del miedo y la batalla ha sido limpia. En vez de heridos en el camino, han quedado dos adultos fortalecidos en su papel de educadores emocionales.

Martín tiene cuatro años y cuatro meses, nació en el mes de diciembre. Es hijo único y sus antecedentes de nacimiento son normales. Vive con sus padres y asistió al jardín de infancia desde los dos años. Ha ingresado en preescolar en el mismo colegio en que estudió su padre.

Descrito por las educadoras del jardín de infancia como un niño dócil, alegre, afectuoso y «algo consentido, como buen hijo único», desde hace un mes ha empezado a montar escenas todos los días. Insistía tenazmente en llevar al colegio un pedazo de sabanita que usaba desde muy pequeño para quedarse dormido; su padre ha tirado la sabanita a la basura y Martín ha llorado durante tres horas seguidas. Trata de pasarse cada noche a la cama de los padres al menos tres veces, pero la madre lo lleva de vuelta por temor a que el padre despierte, pues tiene «muy mal genio».

Lo han llevado al pediatra y le han hecho análisis de sangre, ya que en las últimas dos semanas presenta cuadros de fiebre (38-37.8 °C) los domingos. La madre cree que es porque el padre lo lleva a la plaza ese día por la tarde y ya está llegando el otoño. Podría ser también algo viral, dice la madre, pues «ha vomitado los dos últimos lunes por la mañana». Para la Semana Santa, Martín fue a la playa con su madre y su madrina, y «estuvo maravilloso, ni una sola escena». Tampoco tiene rabietas cuando va a los cumpleaños o a casa de la abuela.

La educadora del jardín de infancia se ha quejado porque Martín se esconde bajo las sillas y se arrastra mordisqueando una manga del jersey. Ella cree que es hiperactivo. La vecina le explicó a la madre que a los cuatro años «se muestran manipuladores» y que hay que ser muy firme; le sugiere que deje que se le pase la rabieta, pero el padre ha optado por unas buenas palmadas, y la madre prefiere que él lo discipline, ya que ella «está cansada, a nadie le enseñan a ser padre».

En esta historia vemos que los padres de Martín cometen una seguidilla de errores en su tarea de educadores emocionales:

• Presentan un peligroso grado de analfabetismo emocional. Martín está enviando potentes señales que ambos no saben descodificar. Han aparecido rabietas y negativismo; presenta signos somáticos de ansiedad como la elevación de la temperatura sin motivo claro los domingos por la tarde; ha vomitado en una clara relación temporal con la salida al colegio; en el aula muestra conductas ansiosas: se arrastra por el suelo, mordisquea la ropa. El analfabetismo emocional es compartido por la educadora del jardín de infancia, quien se apresura a calificar a Martín de «hiperactivo».

• Un adulto ha intervenido dando su parecer: el niño es manipulador y sugiere una estrategia de disciplinamiento.

• El padre prefiere la vía rápida de las palmadas.

• La madre elige el camino fácil de declararse incompetente.

Martín está enviando claras y contundentes señales de miedo, las que pasan inadvertidas porque lo más probable es que sus padres desconocen las características de desarrollo de un preescolar ¿Qué le ocurre a Martín? Tiene miedo porque se siente inseguro, desamparado. Los hijos únicos suelen tener menor destreza social, se atemorizan frente a lo nuevo y su ansiedad de separación es muy potente. Martín tiene miedo porque el nuevo colegio es muy grande, el aula está llena de niños y la educadora es distante y pierde la paciencia fácilmente. ¿Qué espera Martín? Simplemente, sintonía afectiva: que sus padres descodifiquen su miedo, lo validen y lo acojan. Que le ofrezcan una solución efectiva a su potente temor a través de medidas sencillas, como acompañarlo a dormir confortándolo; invitar a algún niño de la clase un fin de semana, para que Martín pueda consolidar algunas amistades, y conversar con la educadora, solicitándole que se muestre cercana, atenta a las señales de ansiedad del chico por un lapso de tiempo suficiente, ya que finalmente Martín acabará adaptándose y retornarán la calma y la confianza.

> Andrés es un gracioso niño de tres años, hijo único, cuyos padres sufren un serio revés económico, por lo cual aceptan un trabajo de administración de un campo, dejando al niño temporalmente a cargo de una tía, casada y madre de dos adolescentes de diecinueve y diecisiete años de edad. El mayor de ambos muchachos, consumidor habitual de drogas, conquista al niño mostrándose afectuoso y lúdico con él; poco a poco va transformando sus caricias en abierto abuso sin que Andrés se resista, por cuanto el pequeño lo ve como un pariente cariñoso y de fiar. Por fortuna, los padres regresan antes de lo programado, evitando así que se consume el abuso sexual.

En este caso, Andrés es un niño pequeño que confía en la bondad de los adultos, especialmente si son sus parientes, y espera de ellos cariño y comprensión. Por el contrario, su primo es un muchacho emocionalmente enfermo, carente de empatía y de respeto por el menor. Se establece un juego de emociones entre ambos: el mayor emplea las caricias como arma de seducción, mientras que el pequeño responde a ellas con la gozosa confianza de un niño. Debemos recordar que en el sistema límbico poseemos un sistema —los núcleos septales— que reacciona positivamente a la ocitocina, hormona liberada por las caricias procedentes de un otro significativo (con quien nos unen lazos de afecto). En otras palabras, la conjunción de un cerebro infantil diseñado para disfrutar intensamente con las caricias de alguien afectivamente cercano en un escenario de alegría y juego, con un cerebro dañado por las drogas puede facilitar el abuso infantil. En este caso, el oportuno retorno de los padres de Andrés impide que dicho abuso se consume. A riesgo de ser excesivamente aprensivos, los padres de niños pequeños deberían estar siempre alertas a la posibilidad de un daño emocional por parte de jóvenes o adultos que saben aprovechar hábilmente la gozosa confianza básica de los críos.

Tercera fase sensible: de los siete a los diez años

En esta etapa el niño ya ha adquirido una sólida autorregulación emocional y la potente emergencia del lenguaje verbal le permite acceder tanto a una comprensión cognitiva de las emociones que lo perturban como al perfeccionamiento y enriquecimiento de una categoría más compleja de fenómenos emocionales. Los sentimientos, que comenzaron a gestarse subterráneamente en la etapa anterior, pueden ser elaborados verbalmente («semantizados») e integrados en la experiencia biográfica. Esta activa y progresivamente más sofisticada elaboración cognitivo emocional, posible gracias a la maduración de los circuitos cerebrales que conectan el mundo interno emocional con la conciencia, establece las bases primarias para la emergencia de la conciencia moral, primer hito en el ascenso a la conquista de la libertad responsable. Llamaremos conciencia moral, apropiándonos de las palabras de Ciro Schmidt, a «aquella cualidad inherente a la conducta que se manifiesta como auténticamente humana, es decir, conforme al sentido más profundo de la existencia».

Pero el acceso a esta conciencia moral primaria exige un mediador, dado que la capacidad reflexiva del niño en esta etapa está en desarrollo y entra en permanente conflicto con la tendencia infantil de atribuir a terceros las consecuencias de sus acciones y obedecer por temor al castigo. Entonces, la presencia de un conductor que lo guíe con sabiduría y ternura hacia los ámbitos de la reflexión se hace imprescindible.

«Construimos el futuro en nuestras conversaciones», dice Jaime García en su libro *Inteligencia relacional*, y agrega:

> El diálogo es una de las conversaciones más complicadas. Exige que las personas que se comunican estén dispuestas a dejar sus certezas, lo cual solo se logra si se escucha al otro para entenderlo y se lo ve como alguien a quien se le debe respeto [...] El diálogo demanda amor y una mente abierta.

Si estas reflexiones están escritas para invitar a los adultos a conversar... ¡cuán indispensable resulta llevarlas al plano de la educación emocional de un niño!

Solo a partir de la adolescencia la capacidad reflexiva está plenamente desarrollada y es autónoma, una suerte de diálogo con la interioridad de cada cual. Pero un niño necesita reflejar su conciencia en el espejo de un interlocutor para verla con claridad. Nunca como en esta fase la práctica constante de la comunicación afectiva es tan necesaria, tan enriquecedora y tan generativa de dones. Conversar con el corazón abierto en un escenario amoroso fortalece emocionalmente al niño y le enseña a confiar. Le permite conocer, entender e integrar sus emociones y sentimientos, sembrando la simiente del autoconocimiento y del ascenso hacia la más elevada conciencia de sí.

> Magdalena tiene nueve años y cursa tercero de primaria. Una tarde, mientras realiza sus deberes escolares, tiene un súbito estallido de enojo y anuncia que no hará el trabajo de ciencias naturales, que está «harta» de esa asignatura y que se pondrá a ver la tele. La madre al escucharla se irrita y la reprende con dureza haciéndole ver que su deber es cumplir con todas sus tareas, que ver televisión es un privilegio para los chicos aplicados y que si la desobedece se quedará sin tele durante dos semanas. Magdalena, enojada, le responde «puedes castigarme, pero tengo mis razones, que a ti parecen no importarte, mamá», con lo cual se lleva dos fuertes cachetes «por insolente». Acto seguido, la madre la envía a ponerse el pijama y a hacer los deberes en su habitación, sin ver la televisión ni cenar.

En este ejemplo, observamos lo siguiente:

• Una niña en edad prepuberal que tiene un estallido de enojo con una tarea escolar, sin señalar la razón de su disgusto.
• Una madre que la reprende, enfatizando el deber y sancionándola de inmediato con un castigo.
• Una conducta de oposición y argumentación de parte de la niña, con un mensaje de reproche: «Mis razones parecen no importarte.»

• Esta conducta convierte a la niña en acreedora de un nuevo castigo que se suma al anterior.

Es probable que la madre de Magdalena quede satisfecha con su medida «educativa», convencida de que los chicos de hoy necesitan de vez en cuando un correctivo para que aprendan a obedecer. Más tarde irá a la cama pensando que la tarea de madre es ardua e ingrata y creyendo firmemente que ha «educado» a su hija en la obediencia y la responsabilidad. Magdalena se va a la cama pensando que los adultos son personas gruñonas de quienes hay que desconfiar. En otras palabras, no ha habido educación emocional; la madre de Magdalena se ha limitado a cumplir un papel, el de aplicar autoridad por el poder ante un acto de desobediencia de su hija.

Observemos la escena nuevamente, pero cambiando a la madre por un adulto con habilidades en el ámbito de la educación emocional:

Magdalena tiene nueve años; es decir, está en una edad ideal para conducirla a reflexionar y tratar de entender las causas de su estallido de enojo para buscar alternativas de solución.

La madre «lee» el enojo de Magdalena en clave emocional y se pregunta cuáles pueden ser las razones de la súbita decisión de su hija. Evita adjudicarlas a un simple capricho, pues conoce bien a su hija y sabe que habitualmente es muy responsable con sus deberes.

Conocer las razones del enojo de la niña exige una actitud de escucha activa e interesada. La madre de Magdalena se dirige a esta con dulzura y le pregunta si quiere explicarle por qué ha tomado esa decisión. En su voz y en su actitud no hay ningún vestigio de enfado, por cuanto aún no sabe si este se justifica. Es decir, la madre de Magdalena se ocupa de la situación, no se preocupa por ella.

La actitud acogedora de la madre «sintoniza» positivamente con la pequeña, cuyo cerebro («módulo de neuronas en espejo») descodifica de forma automática los mensajes no verbales de interés y empatía, reaccionando con igual disposición empática.

Preguntar por las razones de una decisión, sin enjuiciarla a priori, invita a la niña a conversar, ya que se siente acogida. Le explica a la madre que su tarea consiste en investigar acerca de los zoos más modernos del mundo, destacando sus bondades y sus avances en términos de comodidad para los animales. Que ella ha protestado ante la maestra porque considera que tener animales en cautiverio es una barbaridad y que el zoo más cómodo y avanzado sigue siendo un lugar de sufrimiento para animales que aman la libertad. Que la maestra ha reaccionado mal, sintiéndose criticada por la niña, de modo que le ha señalado que la tarea es obligatoria y que no hacerla le significará una baja calificación. Y, finalmente, golpeando el suelo con su zapato, Magdalena insiste ante su madre: «Y no voy a hacerla, aunque me ponga un uno.»

La madre de Magdalena se coloca empáticamente en el lugar de esta intentando comprender su emoción. Sin dificultad, logra entender la decisión de su hija y compartirla. Magdalena, a sus nueve años, posee una desarrollada sensibilidad hacia la naturaleza, que complementa con una gran bondad hacia los más débiles. El verano anterior recogió un perrito callejero que hoy cuida en la parcela familiar y se conduele con las historias de animales maltratados o abandonados. La madre comprende que el tema de los zoos enfurece a su hija y comparte su enojo extensivo a la maestra, quien no solo no ha sabido escuchar los argumentos nobles de una niña, sino que se preocupó únicamente de defender su autoridad.

Pero la madre tiene clara su misión educativa, que implica conversar con la niña, hacerle entender que la maestra solo consideró un aspecto del tema, y que esa mirada parcial le impidió darse cuenta de que hay otros puntos de vista, entre ellos el humanitario que defendió con tantos bríos la pequeña Magdalena. Entonces la invita a aceptar que la visión de la maestra es distinta de la de ella, pero igualmente válida porque también le preocupa el bienestar de los animales en cautiverio; que lo mejor entonces es hacer la tarea, pero agregando al final su punto de vista, que es contrario a la existencia de zoológicos. Magdalena acepta de buena gana la sugerencia de su madre y prepara un excelente trabajo para exponer unos días más tarde.

La disertación resulta un éxito, pues entretanto la maestra ha reflexionado sobre la aguda opinión de su alumna y la ha aprobado, reconociendo su precipitación al responderle con excesiva autoridad, de modo que felicita calurosamente a Magdalena y le propone incluir su trabajo en la feria de la creatividad que el colegio organiza cada año.

Cuarta fase sensible: la edad puberal

Los púberes son como flechas veloces que se dirigen gozosas a un blanco desconocido, sintiendo el placer salvaje del viento camino a la libertad. Abandonado todo vestigio de la melancólica languidez prepuberal, los chicos y chicas púberes emergen a la vida con renovada energía, experimentando el goce de un fuego interno que los consume y alimenta sin cesar; el fuego de la aventura, del descubrimiento y de la libertad. El mundo se les presenta como cargado de misterios y promesas, y el hogar pierde ese carácter de refugio protector para transformarse a menudo en una prisión donde los carceleros les recuerdan de forma agria sus obligaciones y deberes.

Recordemos las características del desarrollo emocional puberal:

Alrededor de los trece años de edad, se pone en marcha de forma orquestada un complejo proceso neurohormonal, con profundos efectos en todo el organismo, expuestos ya en el capítulo V y que se resumen en el incremento de la impulsividad y el descenso del umbral del goce, con el consiguiente aumento del interés por lo novedoso, la búsqueda de sensaciones placenteras y el gozoso descubrimiento de los pares en nuevas interacciones cargadas de emoción. Si a esta nueva emocionalidad se agrega la búsqueda de autonomía, es fácil entender que los púberes encuentren en el consumo temprano de alcohol y nicotina un excelente medio facilitador de la sociabilidad, especialmente en chicos y chicas tímidos y con escaso repertorio de habilidades sociales.

Durante la edad puberal el desarrollo moral ya está bastante afianzado; el niño hace suyos los valores inculcados por la familia y la escuela, pero su moral suele colisionar con sus impulsos hedonistas, de manera que suele transgredir con facilidad los límites impuestos por los padres, apoyándose en su creciente deseo de autonomía.

Las nacientes habilidades metacognitivas favorecen la capacidad reflexiva, pero colisionan con la impulsividad propia de esta edad. El púber precisa una gran fuerza de autocontrol para mantener a raya sus impulsos, y este esfuerzo resulta más fácil cuando tiene a su lado adultos afectuosos, comprensivos y serenos.

Marco Antonio ha cumplido trece años en su nueva casa, un hermoso bungaló en una concurrida avenida. Hasta el año anterior, la pasión de Marco Antonio era coleccionar sellos, en cuya adquisición invertía toda su semanada. Solía pasar largas horas en su dormitorio, lupa en mano, guardando con delicadeza su tesoro en álbumes. Pero el cambio de casa parece haber operado una transformación en él, que en pocos meses ha crecido considerablemente; un suave bozo cubre su labio superior, la frente se ha cubierto de acné y la voz ha ido adquiriendo un timbre más grave. Pocos meses han bastado también para que Marco Antonio haya guardado sus sellos, reemplazándolos por la tabla de *skate*, deporte que practican chicos del vecindario a quienes desde que conoció admira y busca cada vez que puede, y en cuya compañía suele pasar largas horas.

Sus padres, ambos odontólogos, llegan a casa ya avanzada la noche, de manera que Marco Antonio ha tomado como costumbre dejar su mochila —sin abrir— al regresar del colegio, cambiar el uniforme por unos tejanos y salir en busca de sus nuevos amigos con su tabla bajo el brazo, para regresar a casa solo minutos antes que sus padres, a quienes les asegura que ya ha hecho todos sus deberes y ha estudiado. Sin embargo, su felicidad se acaba abruptamente cuando llegan las calificaciones de final del semestre: cuatro suspensos, de los cuales dos serán prácticamente imposibles recuperar. Su padre se enfurece al recibir las notas, le requisa la tabla de *skate* y le prohíbe salir de casa durante dos meses, tiempo durante el cual deberá mostrar que ha subido todas sus calificaciones por encima del 5, so pena de ir a dar «a un liceo de la periferia». Le exige modificar su atuendo, cortar su cabello y abandonar todo intento de retomar contacto con sus amigos. Los alegatos de Marco Antonio —por defender su «derecho a practicar deportes», porque «está aburrido de pasar encerrado mirando la tele» y su necesidad de buscar amigos, porque se siente demasiado solo, «y a ninguno de los dos parece importarle»— son vanos, ya que el padre se niega a escucharlo.

En su desesperada lucha por ser oído, Marco Antonio pierde el control, lanzando al padre una airada explosión de improperios que corona con un sonoro portazo. Esta temeridad le cuesta muy caro: el padre lo encierra en su habitación durante veinticuatro horas y le anuncia que ha sido cancelado el viaje de vacaciones invernales, el regalo de cumpleaños y la compra de un mp3. Esa misma tarde, Marco Antonio se escapa saltando por la ventana de su dormitorio, ubicado en la segunda planta de la casa, fracturándose una pierna.

En esta historia encontramos una conjunción adulto/niño engarzada en un peligroso antagonismo. El padre se empeña en mostrar al chico su autoridad centrada en el control mediante la aplicación de severos castigos, mientras el niño se empeña en resistir dicho control recurriendo a un negativismo desafiante que le cuesta muy caro, por cuanto cae en el error de mostrarse insolente ante el padre y desafiar su autoridad. Parece ser el inicio de un guión relacional nocivo, llamado «brecha generacional». Si este antagonismo se prolonga durante unos pocos años, encontraremos a un Marco Antonio rebelde, que confronta permanentemente al adulto y parece disfrutar mostrándose transgresor y desafiante, y a un padre exasperado que afirma a quien le quiera oír que los adolescentes actuales son insoportables, inmanejables y maleducados. Marco Antonio enfrenta un castigo del padre con abierta rebeldía y paga cara su temeridad.

¿Como debería actuar un padre cuyo objetivo es educar a su hijo para la vida?

- Estar abierto a descubrir que Marco Antonio está viviendo intensos cambios madurativos. En pocos meses ha crecido en estatura y hay muchas señales de actividad neurohormonal.
- Que esta actividad neurohormonal facilita en los varones la impulsividad y las reacciones agresivas, de modo que la confrontación, la intransigencia y el intento de modificar su conducta a través del castigo, sin duda van a provocar en el joven ansiedad, impotencia, rabia y, finalmente, una inevitable reacción agresiva.
- Saber que para un chico ingresar en la edad puberal es

descubrir el mundo de la calle y de sus pares. Es buscar sensaciones intensas y placenteras. Es probarse y probar a los demás sus destrezas. Es mirar los límites impuestos por los padres como recursos de control y mostrarse rebelde, cuestionándolos. Es comenzar a mirar al adulto de forma horizontal, abandonando el miedo infantil a su autoridad y atreviéndose a desafiarlo, en especial si el púber no comparte sus criterios de control coercitivo y si empieza a descubrir sus debilidades e inconsistencias.

• Cambiar la estrategia autoritaria por una actitud más flexible, más empática y, sobre todo, serena, evitando dejarse dominar por el miedo a los peligros que comienzan a acechar al hijo que está creciendo.

• Conversar con la esposa, intercambiar ideas respecto de los límites que será necesario aplicar con el hijo, asumiendo que es imprescindible negociar más que imponer.

• Hacerse una sincera, objetiva y descarnada autocrítica, intentando identificar cuáles son las debilidades en el papel parental de ambos.

• No perder de vista que esta etapa es la última oportunidad para estar cercanos al hijo, evitando que se establezca de modo inevitable la brecha entre un adolescente cada vez más lejano y hermético, y padres cada vez más exasperados y desencantados.

Si observamos con atención este caso, podremos descubrir las debilidades de esos padres: están excesivamente ausentes de casa; no parecen interesarse de forma consistente y afectuosa en el mundo del chico, quien les reprocha su indiferencia afectiva y su soledad: no conocen a sus nuevos amigos, y el interés que demuestran por la marcha de sus estudios parece limitarse a mirar las calificaciones al final de cada semestre. Por su parte, el chico sale de casa sin tener que informar a nadie, sintiéndose dueño de una absoluta libertad, buscando amigos en los alrededores con criterios de selección que sus padres ignoran.

En esta historia, la madre decide modificar su horario laboral para regresar a casa antes que el chico; su presencia se transforma en un incentivo para que Marco Antonio decida pasar más tiempo en casa, ya que descubre su interés por la biología y comienzan a estudiar juntos, incorporando poco después las matemáticas, una asignatura en la cual flaqueaba abiertamente. De manera esperable, las notas del joven comienzan a mejorar. Empieza a valorar la calidez de un hogar donde lo espera su madre cada tarde para tomar el té. El padre acepta la sugerencia de su esposa en cuanto a aprender a negociar con Marco Antonio en vez de imponer a ultranza sus criterios educativos y comprueba con sorpresa que su hijo es considerablemente más dócil y menos desafiante que lo que él temía. Sin darse cuenta, estos padres han logrado evitar que se abriese una peligrosa brecha entre ellos y un hijo que empieza a crecer.

Roberto y Lucía son mellizos y acaban de cumplir trece años. Por fin han obtenido permiso del padre para regresar del colegio en autobús, abandonando el transporte escolar que les provocaba rechazo porque sus compañeros de viaje eran niños muy pequeños, lo que hacía que experimentaran un secreto sentimiento de humillación. No obstante, la madre, muy aprensiva, no está de acuerdo con su esposo, pues considera que los mellizos aún son muy pequeños para tener tanta autonomía; les advierte por lo tanto que deben ser muy respetuosos del horario de llegada a casa, fijado a las cinco de la tarde, unos cuarenta y cinco minutos después de la salida de clase, y deberán llevar solo el dinero del billete de regreso para evitar «tentaciones como comprar golosinas y distraerse de su deber».

El primer día de «libertad» ambos chicos llegan a la hora convenida, pero al día siguiente no lo hacen hasta las siete. La madre los aguarda con expresión de furia. Los chicos intentan una explicación, pero ella los interrumpe y los envía a sus respectivos dormitorios mientras les anuncia que están severamente castigados, que no puede fiarse de ellos, que en ese mismo instante se anula la temeraria decisión de regresar solos a casa y concluye diciendo con tono lastimero que ella tenía mucha razón al no estar de acuerdo con su esposo en autorizar a niños tan inconscientes a regresar solos, corriendo todo tipo de peligros. El padre, una vez enterado de lo ocurrido, invita a los mellizos a explicarle la razón de su retraso, enterándose de que a mucha distancia de la casa el bus ha tenido una avería, pero que el chófer no les ha devuelto el dinero del billete, de modo que han debido regresar a casa a pie.

En esta historia queda de manifiesto la diferencia radical entre «disciplinar» y educar. La madre está empeñada en ejercer su autoridad a través de la disciplina; opta por castigar lo que ella considera una falta grave, presuponiendo en sus hijos intenciones de faltar a su responsabilidad. Comete dos errores muy frecuentes cuando se opta por disciplinar: se niega a escuchar y da por verdaderos sus argumentos en favor de no confiar en unos chicos supuestamente irresponsables. En cambio, el padre parece ser más hábil en la técnica de la comunicación afectiva: en vez de validar el castigo materno elige escuchar las explicaciones de sus hijos, aplica el principio de la buena fe (acepta la historia como verdadera) y conforta a los desolados —y enojados— mellizos.

Sin embargo, podemos suponer que la madre se va a sentir desautorizada y argumentará que no es conveniente creerse las historias de los chicos, que probablemente estén mintiendo y que el padre es un ingenuo. Y si llevamos este error en educación emocional a un extremo, podemos imaginar que la madre, herida en su amor propio al sentirse desautorizada, anunciará que a partir de ese momento renuncia a su tarea formativa y que será el padre quien se ocupe de corregir y controlar a los mellizos. Esta reacción emocional refleja la dificultad de muchos adultos a la hora de enfrentar adecuadamente un conflicto.

Quinta fase sensible: la adolescencia

Como promedio, los quince años marcan el inicio de esta nueva fase del desarrollo, caracterizada por importantes conquistas en los ámbitos cognitivo y emocional social, descritos en el capítulo V, y que pueden resumirse en las «paradojas de la edad adolescente»: un aumento de la capacidad reflexiva unido a una iluminación intelectual que lleva a los muchachos y muchachas a creerse invulnerables y poseedores de la verdad, y un incremento del umbral del goce que facilita la búsqueda de experiencias extremas y desafiantes en un momento en que se alejan definitivamente de la jurisdicción parental.

Tanto muchachos como chicas experimentan un intenso despertar sexual y de los sentimientos de afecto, una mayor empatía y una consolidación de los principios valóricos, rasgos que contribuyen a neutralizar la poderosa fuerza del impulso sexual.

Es un momento de gran vulnerabilidad a la psicopatología, la que se puede ver motivada o agravada por el consumo inmoderado de alcohol y/o drogas adictivas.

> Catalina tiene dieciséis años y es una excelente nadadora. Una tarde de junio invita a dos compañeras a casa para conversar acerca del viaje de fin de curso que se aproxima. Sus padres van a asistir a una fiesta, de modo que las dejan solas. Una de las chicas se interesa por los licores que el padre de Catalina tiene en un pequeño mueble-bar y deciden, después de algunas vacilaciones, «probar un poco». Catalina está asustada, no le parece bien cometer una falta de ese tipo; además, ella nunca ha bebido. Sus amigas la tranquilizan diciéndole que si beben lentamente no les ocurrirá nada, que ellas ya tienen experiencia, pues suelen beber en fiestas. Catalina acaba cediendo, temerosa de que sus amigas se burlen de ella. Tres horas después, los padres de Catalina regresan de su actividad social y encuentran a su hija casi inconsciente, al borde de una intoxicación etíli-

ca. Las amigas se han marchado y Catalina acaba su noche en urgencias. Al día siguiente, su padre le anuncia que está severamente castigada: no podrá ir a ninguna fiesta ni reunión social durante seis meses. Además, no irá al viaje de fin de curso y su entrenador de natación ha sido informado de lo ocurrido, pues es extremadamente grave que una deportista sea aficionada a emborracharse.

En esta historia podemos ver nuevamente la tendencia de los padres a disciplinar, en el convencimiento de que los castigos son los mejores métodos de disuasión para una muchacha que ha cometido una falta grave. Sin duda que lo ocurrido es muy serio, pero también es una excelente ocasión para enfatizar algunos aspectos de la educación para la vida en un momento especial del desarrollo de Catalina. Los siguientes son los aspectos esenciales de lo ocurrido que ofrecen a esos padres un escenario propicio para enfatizar lo educativo:

• La chica ha vivido un conflicto entre dos opciones: negarse a cometer una falta en su propia casa *versus* arriesgar un juicio adverso de parte de sus pares. Y ha optado por proteger su imagen, lo cual refleja cierta debilidad en su capacidad de autodeterminación, lo que hace que sus padres deban indagar en las causas de esa falta. Es posible que Catalina sea tímida, que posea pocas habilidades sociales, que no se sienta popular entre sus pares, que esté en busca de nuevas experiencias, etc.

• La muchacha es deportista, de modo que ha elegido libremente no beber alcohol, lo cual es sabido por sus padres; por lo tanto, enjuiciarla como «aficionada a emborracharse» es muy injusto por parte del padre y es probable que un juicio tan descalificador provoque mucho enojo e impotencia en Catalina, emoción agravada por la vergüenza de saber que su entrenador ya se ha enterado del episodio.

La intoxicación etílica es una situación médica muy grave, que implica riesgo de muerte. En consecuencia, se convierte en una excelente instancia educativa. Los padres de Catalina deberían haber aprovechado la situación para indagar respecto de la evaluación que la muchacha hacía de lo ocurrido; qué lecciones extraía; qué propósitos se hacía para no volver a correr un riesgo tan grande; de qué modo podría validarse ante sus amigas sin tener que pasar por alto sus principios éticos. Era el momento propicio para entregar a la chica información acerca del alcohol que probablemente podría reafirmar su opción por abstenerse.

Las medidas disciplinarias, en especial cuando son tan extremas como las aplicadas por el padre de Catalina, solo consiguen provocar emociones negativas muy dañinas; el adolescente experimenta una profunda humillación, pues se le hace sentir un títere sin capacidad de raciocinio, que debe ser dirigido por el adulto. La disciplina coercitiva es muy perjudicial en el niño, pero en el adolescente es potencialmente explosiva, por cuanto después de los quince años es imperativo que sus padres le permitan una autonomía en sus decisiones, una evaluación crítica y objetiva de sus errores y de sus aciertos. Castigar a un adolescente es decirle tácitamente que carece de capacidad de juicio, que otros deben pensar y decidir por él. Es atarle las manos y amordazarlo.

La práctica de la educación para la vida exige un conocimiento teórico acerca de las características biopsicológicas del desarrollo humano los primeros veinte años de la vida, y en ese sentido se acerca a lo que podríamos llamar conocimiento científico. Pero también exige habilidades que constituyen un arte, innato en algunos adultos, mientras que otros pueden aprenderlo, resultándoles más fácil en la medida que posean ciertas aptitudes como interés genuino por los niños, buen humor, flexibilidad, etcétera.

Del amplio conjunto de aptitudes para la educación emocional, una de ellas es central, esencial, imprescindible: tener clara conciencia y certeza de la libertad del alma infantil y respetar esa libertad de manera irrestricta. Educar para la vida es guiar el alma del niño hacia su destino, y ese destino es la conciencia de sí, la libre capacidad de opciones en el marco del sentido ético de la vida. El adulto que educa a un niño para la vida ha de fundar todas sus acciones en el principio fundamental del respeto, porque todo acto que mancille su germen de libertad lo hará esclavo. Ese es el gran desafío de la educación emocional. En esencia, es la educación para la libertad responsable.

APÉNDICE

LAS ESTRUCTURAS DE LA VIDA EMOCIONAL

El organismo humano posee una amplia red de estructuras que desempeñan un papel protagonista en la vida emocional: cumplen funciones específicas, cuentan con una «mensajería» igual de específica y son permanentemente atravesadas y vivificadas por corrientes de energía vital. Esta red es conocida como sistema somatopsiconeuroinmunohormonal, en alusión a las principales estructuras involucradas:

- **Somato:** El cuerpo —incluida la piel—, el sistema musculoesquelético y las vísceras.
- **Psico:** La actividad mental, la conciencia y su escenario, la corteza cerebral.
- **Neuro:** Un extenso módulo cerebral ubicado en sus profundidades, bajo la corteza cerebral, llamado sistema límbico.
- **Inmuno:** El sofisticado sistema de defensas del organismo contra la agresión de agentes extraños (bacterias, virus, toxinas), formado por los glóbulos blancos, las inmunoglobuli-

nas, las citokinas y otros elementos que nos protegen contra los embates biológicos.

• **Hormonal:** El extenso y complejo sistema de glándulas internas que comandan numerosos procesos del organismo, como el crecimiento, la reproducción, el metabolismo, entre otros.

Esta red posee una mensajería muy amplia y elaborada conformada por sustancias químicas que cumplen un papel de transmisión de información y de modulación de la misma. Las hormonas secretadas por las glándulas endocrinas son importantes agentes neurotransmisores y neuromoduladores al interior del cerebro y fuera de él.

La mensajería de la vida emocional no es específica. Al poseer otras funciones en el organismo, es fácil entender el impacto que puede tener una determinada emocionalidad sobre distintas funciones de dicho organismo. Esto es particularmente válido para entender los efectos del estrés crónico sobre la salud.

El módulo cerebral de las emociones tiene su origen muy tempranamente, durante la vida fetal. A partir del tercer trimestre de vida intrauterina se produce una activa conectividad en extensas regiones corticales del hemisferio derecho, con profusas conexiones hacia el sistema límbico —un complejo conjunto de estructuras ubicadas profundamente en el cerebro— que a su vez se conectan con el resto de la red somatoinmunohormonal. El módulo cerebral de las emociones posee abundantes receptores para neurohormonas.

Las principales estructuras de este módulo son:

• **Corteza parietal del hemisferio derecho:** Inicia su maduración durante el tercer trimestre de vida intrauterina y está al servicio de la descodificación de información emocional percibida a través del rostro. La información emocional facial es descodificada por la mirada.

• **Corteza temporal superficial del hemisferio derecho:** Madura también durante la etapa fetal, en el último trimestre. Está al servicio de la descodificación del contenido emocional de la melodía de la voz: textura, inflexiones, timbre, tono, énfasis, pausas, silencios.

Nuestro lenguaje está conformado por el código verbal, que transmite información codificada en palabras —«¡Te quiero!», «¡Me tienes aburrido!», «¡Es el colmo!»—, y por códigos no verbales, dentro de los cuales los patrones prosódicos de la voz llevan implícita una intensa información de tipo emocional: una voz aterciopelada seduce, aun cuando esté hablando de contaminación. Y el tono, énfasis y textura de la voz que exclama «¡Me tienes aburrido!», pueden transmitir un inminente abandono o un cariñoso reproche.

• **Sistema límbico:** Está constituido por un complejo entramado de estructuras filogenéticamente muy antiguas, que se conectan profusamente con la corteza del hemisferio derecho. Entre las estructuras de este sistema es necesario conocer:

Las amígdalas cerebrales:

Son dos pequeños grupos neuronales, a izquierda y derecha, que otorgan la valencia a los cambios internos generados por estímulos, adjetivándolos y clasificándolos en emociones positivas y negativas. A partir del nacimiento, las amígdalas cerebrales permiten al bebé experimentar emociones positivas ligadas a la experiencia de los primeros cuidados o emociones negativas relacionadas con la negligencia en su atención.

Los hipocampos:

Son dos estructuras ubicadas en la corteza temporal profunda, a derecha e izquierda, profusamente conectadas con las amígdalas cerebrales y con la corteza de ambos hemisferios cerebrales.

Constituyen una especie de kárdex que selecciona, ordena, jerarquiza y archiva datos, entre ellos las primeras experiencias emocionales. El hipocampo derecho, que inicia su maduración durante el tercer trimestre de vida intrauterina, codifica las vivencias emocionales de manera implícita, no accesible a la conciencia de modo voluntario a través de la evocación y ulterior relato verbal. Estos engramas emocionales acceden a la conciencia de manera «disfrazada» durante los sueños nocturnos, los llamados lapsus, los fenómenos disociativos («trances») y también pueden ser llevados a la conciencia a través de la hipnosis. El hipocampo izquierdo archiva recuerdos que se pueden evocar y relatar.

Los núcleos septales:

Son dos pequeños grupos neuronales que participan en la percepción placentera de las caricias. Sus conexiones con la amígdala permiten experimentar goce erótico. Después de los ocho meses de edad, los núcleos septales se activan frente a la cercanía de extraños, generando en el bebé una respuesta de miedo.

El sistema de «neuronas en espejo»:
Las emociones son contagiosas; el llanto de un pequeño al entrar en el aula el primer día de clase y ver alejarse a su madre, provoca en los demás niños desconsuelo y llanto que a poco andar se convierte en colectivo.

¿Por qué sucede este fenómeno? El contagio emocional ha sido llamado «efecto camaleón» y alude a una modalidad de procesamiento automático no consciente de la información procedente de otro, que desencadena una respuesta imitativa motora. Cuando esta conducta motora expresiva lleva contenido emocional, genera el «contagio» automático no consciente. Las últimas investigaciones muestran que este «calce» no es solo motor; se produce una activación del sistema nervioso autonómico, en forma de variaciones de la frecuencia cardíaca, de la contracción muscular, entre otros. El «contagio emocional» ocurre en un sistema neuronal perteneciente a un módulo multimodal, es decir, que responde a diversas modalidades sensoriales. Así, observar en otro la realización de movimientos organizados («patrón motor») no solo activa áreas visuales en el cerebro, sino también sistemas neuronales que participan en la planificación y ejecución de dichos movimientos observados. Este conjunto de neuronas poseería así un mecanismo de comprensión implícita de las acciones de los otros y de sus intenciones subyacentes. Las neuronas en espejo tienen abundantes conexiones con el sistema límbico, participando por ende en el sustrato neurobiológico de la empatía y de la intuición.

EPÍLOGO

El hombre… atado exteriormente
al mundo de la materia y de la vida,
por su estructura interior
pertenece al mundo del espíritu.

CIRO SCHMIDT

Han transcurrido doce años desde que la UNESCO pusiera en marcha el Proyecto por una Cultura de la Paz, y el planeta sigue sembrado de prejuicios, intolerancia, odio, racismo, discriminación, despotismo y dominación del otro. Cada vez se hace más amplia la brecha entre los que se parecen y los que son vistos como diferentes, mientras más tempranamente los niños aprenden las malas artes del dominio y del sometimiento del más débil. Las denuncias por discriminación y maltrato entre niños, denominado *bullying* o matonaje escolar, experimentaron un incremento de 43 por ciento a nivel nacional durante el primer semestre de 2008 con respecto al año anterior, según cifras entregadas por el Ministerio de Educación. Muchos adultos creen ver en este fenómeno social la expresión de una innata predisposición hacia el dominio por la fuerza, la que tiende a expresarse más abiertamente por influencia de los medios y de la industria del entretenimiento.

Sin embargo, «nada hay en la biología del hombre que se oponga a una vida pacífica» (UNESCO, 1986), y el conocimiento actual sobre la biología madurativa de las emociones humanas demuestra de manera rotunda la verdad de esta afirmación. El mundo emocional ofrece un diseño asombrosamente simple y a la vez perfecto que se abre a la impronta de la experiencia. Perfecto, porque las estructuras de la vida emocional comienzan a madurar antes del nacimiento, en un ensamblaje de exquisita precisión en el cual anatomía y función se van preparando para recibir el influjo de las experiencias que le han de dar forma definitiva.

En el apéndice y el capítulo I de este libro, el lector es invitado a descubrir cómo el diminuto cerebro del feto posee delicadas estructuras diseñadas para transformar las experiencias en vivencias cargadas de emoción; para archivar dichas vivencias y así ir construyendo una memoria autobiográfica alrededor de la cual se articulará la identidad individual; para experimentar un intenso goce sensual ante las caricias y la cercanía del otro significativo; para leer con asombrosa precisión los mensajes cargados de emoción contenidos en la voz, la mirada y las expresiones faciales y corporales. Todos estos procesos serán mediados tanto por sustancias químicas que inicialmente fabrica la madre y luego el propio organismo del niño, como por el constante fluir de la energía vital. El diseño de dichas estructuras se caracteriza por la exquisita precisión de su engranaje fisicoquímico y por la igualmente sorprendente simplicidad de su funcionamiento: todas ellas están calibradas y puestas en marcha por influjo del amor. Es el amor el que fortalece la estructura, el que activa su funcionamiento y el que le da sentido al proceso madurativo, el cual ha de transitar desde la emoción primaria a la más sofisticada construcción de una conciencia ética y una conciencia creadora.

La vida emocional humana se nutre de amor. Este es, en los albores de la vida, el bálsamo que consuela al recién nacido y le permite alejarse de las emociones negativas que lo perturban: miedo al desamparo y rabia al no ser atendido en sus necesidades primarias, para comenzar a construir en su interior una emocionalidad positiva, un estado dinámico de armonía emocional que se irá fortaleciendo gradualmente a través de las sucesivas vinculaciones afectivas que irá estableciendo a lo largo de su desarrollo. En este guión madurativo, el amor es la poderosa fuerza que serena el tormentoso caudal de emociones que perturba a cada instante el temperamento; es el amor el que modela la personalidad y el carácter y otorga fortaleza ante las vicisitudes de la existencia. Si el planeta está saturado de lágrimas, el bálsamo más perfecto es el amor, por cuanto su acción cae sobre un terreno muy fértil: un organismo delicadamente diseñado para recibir su impronta.

En esta perspectiva, todo miedo y toda ira dejan de tener sentido frente al poderoso influjo del amor, el cual ingresa en el alma del niño desde antes de nacer y va forjando en él una emocionalidad positiva, al modo de una fortaleza en cuyo interior van creciendo fuerzas cada vez más imbatibles. El organismo del niño está diseñado para la armonía y la felicidad, pero requiere nutrientes, a la manera de una tierra cuyas simientes solo germinarán si reciben el efecto beneficioso del sol y del agua. Los nutrientes del alma humana son de naturaleza afectiva y provienen de los otros. Estos otros, llamados a poseer un significado en la vida del niño, tienen una misión esencial: ser sol y agua para el corazón de ese niño. Quienes poseen un carácter significativo para un niño tienen como misión entregar amor.

El niño viene sabiamente programado para la felicidad. Este sentimiento es un estado interno independiente de toda posesión y de todo sentido utilitario. La felicidad tiene un guión madurativo que transita desde el eros primario de saberse incondicionalmente amado, hacia la comarca del espíritu donde se encuentran los sentimientos humanos más elevados. A medida que el niño crece, se van entretejiendo en su interior sólidos conceptos acerca de sí mismo: autoconocimiento, conciencia de sí, desde donde se proyecta a un conocimiento de la esencia de las cosas que se emparenta con lo sagrado y con el misterio. Cuando el asombro infantil ante la belleza del cielo, de la naturaleza, del agua y del fuego en el corazón del joven se hace uno con la emoción reverente que hoy experimenta ante el misterio de la vida, se ha instalado en él la conciencia del espíritu, y ese joven está preparado para dar nacimiento al hombre nuevo.

Todo niño tiene en su interior el fuego del espíritu, pero dicho fuego debe ser atizado constantemente por un educador.

> La educación —afirmaba Maria Montessori— no puede limitarse a la escuela y a la instrucción; también reclama una orientación hacia los fines de la humanidad. Una recta educación ha de perseguir la transformación del hombre, el desarrollo de su interioridad y de su voluntad de cambio en búsqueda de una sociedad más sana.

Y Rudolf Steiner, creador de la pedagogía Waldorf, sostenía que debería constatarse si el educador de niños «está capacitado para crear una relación saludable con el hombre en ciernes, si es capaz de sumergirse con toda su mentalidad en las almas y en todo el ser de esos futuros hombres».

En los albores del siglo XX, estos pensadores de la educación ya sostenían que la transformación del hombre comienza en la infancia y que debe llevarse a cabo por un educador, cuyo noble objetivo es conducir al niño a descubrir su interioridad y el sentido de la verdadera felicidad.

El niño viene al mundo sabiamente programado para la armonía… La armonía emocional es una poderosa fuerza generativa que amplía las cogniciones, permite integrar aprendizajes y provee de todos los recursos indispensables para crecer como persona. Desde el núcleo primario de la emocionalidad positiva, van surgiendo gradualmente sentimientos e impulsos internos que permiten al niño transitar desde la básica conciencia de sí a la conciencia ética, desde allí a la libertad y finalmente a la gran conciencia cósmica, sustrato de toda creación. Lograr este crecimiento humano solo es posible en la medida que «otro» visibilice u otorgue rango humano al niño.

Esa es la tarea del educador: despertar las fuerzas interiores del menor a través de la interacción cargada de sentido. El amor es el único capaz de despertar en el niño dichas fuerzas, las que habrán de construir la paz y hacer posible las utopías. A través del amor todo niño está en condiciones de llegar a ser un artífice de la paz, instalándose plenamente en su tiempo y en su historia.

Ante un desafío de tamaña envergadura, cada adulto debe detenerse y calibrar el formidable peso de la responsabilidad que le cabe en esta tarea. Paz no es la mera ausencia de guerras; la cultura de la paz, según la UNESCO, es la cultura de la convivencia y de la equidad, y es en la infancia cuando se aprende a convivir, a «estar en la emoción que incluye al otro en mi mundo», en palabras de Humberto Maturana. Para aprender el arte de la paz, el niño necesita, por lo tanto, de educadores que sepan instalarlo en la emoción que incluye legítimamente al otro, y ese conocimiento del educador se funda en el respeto, la libertad y la justicia. En palabras de Steiner, el educador «deberá comportarse de tal manera que los mismos niños lo eleven por encima de ellos».

Estas palabras ilustran de manera contundente el sentido de este libro: la única vía para que en cada niño nazca un hombre nuevo es el cambio de mirada sobre la educación emocional, ejercida hoy mayoritariamente por adultos cuya autoridad se sustenta en el dominio del más débil, con lo que siembran en el corazón de este emociones negativas —miedo, rabia— que irán configurando de forma gradual e implacable poderosos sentimientos de encono, ira, impotencia, hostilidad, resentimiento. Sin saberlo, el adulto estará haciendo su aporte para perpetuar la violencia. Nada hay en el ser humano que impida la conquista de la libertad interior, único camino para la construcción individual de un mundo de paz. El dilema reside en que alcanzar esa libertad interior es un trabajo que ningún niño puede llevar a cabo sin ayuda.

AGRADECIMIENTOS

A Marcela Galleguillos, mi secretaria, cuya eficiencia y capacidad organizativa me permitieron hurtar tiempo al tiempo para pensar en la educación de las emociones.

A Gloria Silva de Campos, María Ester Céspedes de Vásquez, Rosita Barceló de Sánchez, Livia Firmani Herrera, Isabel García-Huidobro de Claude, Arturo García y su esposa Marcia Acharán, Pilar Suárez de Bontá, Paulina Werth de De La Torre, Ivette Selman de Bendek y mis tías Anita, Ester, María, Berthila, Juanita e Hilda, por esas mágicas charlas acerca del amor como camino de perfección y de su papel en la educación emocional de los más pequeños, conversaciones enriquecedoras que me iluminan permanentemente y cuya riqueza está cristalizada en estas páginas.

A Victoria Gallardo, mi amada prima, quien desde el cielo continúa animándome a transmitir a través de la escritura lo que la vida laboral me ha enseñado, y a Ruby, su hermana, por transmitirme esa fe en mí.

A Óscar Vásquez Salazar y Julio Silva Solar, ejemplos a imitar cuando escritura y belleza se buscan para una alianza.

A mis inspiradores anónimos, los editores y redactores de la revista *4 Vientos* en su número 2.

A Ayra y Martina, mis neurotróficos indispensables para soñar sin claudicar.

BIBLIOGRAFÍA

CARLGREN, FRANS, *Pedagogía Waldorf: una educación hacia la libertad*, Editorial Rudolf Steiner, Madrid, 2004.

DE SAINT-EXUPÉRY, ANTOINE, *El Principito*, Editorial EMECÉ, Buenos Aires, 2007.

DE ZAVALETA, ESTHER, *Preservar lo humano/La educación*, Grupo Editor Latinoamericano S.R.I., Buenos Aires, 2004.

FLORENZANO URZÚA, RAMÓN, *Familia y salud de los jóvenes*, Ediciones Universidad Católica de Chile, Santiago, 1995.

FREDERICKSON, B. L., «The role of positive emotions in positive psychology», *American Psychologist*, vol. 56, n.º 3, 2001.

GARCÍA, JAIME, y MANGA, MANUEL, *Inteligencia relacional: Una mejor manera de vivir y convivir*, Ediciones B, Santiago, 2007.

GIRARD, KATHRYN, y KOCH, SUSAN, *Resolución de conflictos en las escuelas: Manual para educadores*, Ediciones Granica, Buenos Aires, 1997.

GORDON, THOMAS, *MET: Maestros eficaz y técnicamente preparados*, Ed. Diana, México D. F., 1972.

JAIM ETCHEVERRY, GUILLERMO, *La tragedia educativa*, Fondo de Cultura Económica, Buenos Aires, 2000.

LEDOUX, JOSEPH A., «Emotional circuits in the brain», *Annual Reviews in Neuroscience*, California, 2000.

—, *The emotional brain*, Simon and Schuster, Nueva York, 1998. [*El cerebro emocional*, Planeta, Barcelona, 2000.]

MATURANA, HUMBERTO, *Emociones y lenguaje en educación y política*, Dolmen Ediciones, Santiago, 1999.

PANKSEPP, JAAK, «The long-term psychobiological consequences of infant emotions: Prescriptions for the twenty-first century», *Infant Mental Health Journal*, Michigan, 2001.

—, *Affective neuroscience: The foundations of human and animal emotion*, Oxford University Press, Nueva York, 1998.

RICHTERS, JOHN E., y WATERS, EVERETT, «Attachment and socialization: The positive side of social influence», en *Social Influences and Socialization in Infancy*, Lewis, M. & Feinman, S. (eds.), Plenum Press, Nueva York, 1991.

RIZZOLATTI, GIACOMO, «The mirror neuron system and its functions in humans», *Anatomy and Embryology*, Berlín, 2005.

SANTOS GUERRA, MIGUEL ÁNGEL, *Arqueología de los sentimientos en la escuela*, Bonum, Buenos Aires, 2006.

SASSENFELD, ANDRÉ, «Reflexiones sobre el sistema de las neuronas espejo y sus implicancias terapéuticas» en *Gaceta de Psiquiatría Universitaria*, vol. 4, n.º 2, Facultad de Medicina Universidad de Chile, Santiago, 2008.

SCHMIDT A., CIRO E., *Pensando la educación: El hombre como significación de lo educativo*, Talleres Gráficos Pía Sociedad de San Pablo, Santiago, 1994.

VAILLANT, GEORGE E., «Positive emotions, spirituality and the practice of psychiatry», *Mental Health, Spirituality, Mind*, vol. 6, n.º 1, 2008.

WATERS, EVERETT; KONDO-IKEMURA, KIYOMI, y POSADA, GERMAN, «Learning to Love: Milestones and mechanisms» en *The Minnesota Symposia on Child Psychology*, M. Grunner & L.A. Sroufe (eds.), Hillsdale, Erlbaum, Nueva York, 1991.

WERNER, E., y SMITH, R., *Vulnerable but invincible: A longitudinal study of resilient children and youth*, Adams, Bannister and Cox (eds.), Nueva York, 1989.

The Circle of Security Project: *www.circleofsecurity.org*

Texas Youth Comission Resilience and Child Development: *www.tyc.state.tx.us.org*

ÍNDICE

1963 BIRMINGHAM CHURCH BOMBING

The Ku Klux Klan's History of Terror

by Lisa Klobuchar

1963 BIRMINGHAM CHURCH BOMBING

The Ku Klux Klan's History of Terror

by Lisa Klobuchar

Content Adviser: Steve Remy, Ph.D., Associate Professor of History,
Brooklyn College, City University of New York

Reading Adviser: Katie Van Sluys, Ph.D.,
School of Education, DePaul University

Compass Point Books ✛ Minneapolis, Minnesota

COMPASS POINT BOOKS

151 Good Counsel Drive
P.O. Box 669
Mankato, MN 56002-0669

 This book was manufactured with paper containing
at least 10 percent post-consumer waste.

For Compass Point Books
Robert McConnell, XNR Productions, Inc., Catherine Neitge,
Ashlee Suker, LuAnn Ascheman-Adams, and Nick Healy

Produced by White-Thomson Publishing Ltd.
For White-Thomson Publishing
Stephen White-Thomson, Susan Crean, Amy Sparks, Tinstar Design Ltd.,
Steve Remy, Peggy Bresnick Kendler, and Timothy Griffin

Library of Congress Cataloging-in-Publication Data
Klobuchar, Lisa.
  1963 Birmingham church bombing : the Ku Klux Klan's history of
terror / by Lisa Klobuchar.
     p. cm.—(Snapshots in History)
  Includes bibliographical references and index.
  ISBN 978-0-7565-4092-0 (library binding)
1. Birmingham (Ala.)—Race relations—History—20th century—Juvenile
literature. 2. African Americans—Civil rights—Alabama—Birmingham—
History—20th century—Juvenile literature. 3. African Americans—Crimes
against—Alabama—Birmingham—History—20th century—Juvenile
literature. 4. Ku Klux Klan (1915–)—Alabama—Birmingham—History—
20th century—Juvenile literature. 5. Bombings—Alabama—Birmingham—
History—20th century—Juvenile literature. 6. African American churches—
Alabama—Birmingham—History—20th century—Juvenile literature.
7. Hate crimes—Alabama—Birmingham—History—20th century—Juvenile
literature. 8. Racism—Alabama—Birmingham—History—20th century—
Juvenile literature. I. Title. II. Title: Nineteen sixty-three Birmingham
Church bombing. III. Series.
  F334.B69N447 2009
  322.4'20973–dc22   2008038921

Visit Compass Point Books on the Internet at
www.compasspointbooks.com
or e-mail your request to
custserv@compasspointbooks.com

CONTENTS

Innocent Victims

Fourteen-year-olds Carole Robertson, Addie Mae Collins, and Cynthia Wesley and 11-year-old Denise McNair awoke the morning of Sunday, September 15, 1963, with cheerful excitement. It was Youth Day, a monthly event at the Sixteenth Street Baptist Church in Birmingham, Alabama. The four girls would be serving as ushers or helping with the worship service in other ways.

Carole wore a pretty white dress, a pair of black patent leather shoes, and a necklace. She and her mother had bought the shoes and necklace just the day before. Carole got a ride from her father and was the first of the four friends to arrive at the church. Soon after her arrival, she met Addie Mae and her sisters, Sarah and Janie.

It usually took the Collins sisters about 15 or 20 minutes to walk the 16 blocks to the church. But it took them longer that day because they played a mock game of football with Addie Mae's purse as they walked. Janie later recalled that she felt strange when she walked into the church. "I never felt this in the church before," she said. "It was like a different feeling."

The Sixteenth Street Baptist Church, built in 1911, has always been an African-American church.

9

On her way out the door of her home Cynthia Wesley was stopped by her mother. "Young lady, your slip is hanging below your dress," she said. "You just don't put your clothes on any way when you're going to church because you never know how you're coming back." Cynthia ran back inside and fixed her slip before she left. She was the third of the four girls to arrive at the church.

Denise McNair was the last of the four friends to arrive, at 10:10 A.M. Denise went to a room in the basement where a family friend was teaching a Sunday school class. She borrowed a comb, face powder, and a quarter. Then she hurried to join her three friends in the women's lounge to freshen up for the service. Addie Mae's sister Janie finished quickly and told the others to hurry upstairs to the sanctuary because they were late for the service. Carole, Addie Mae, Cynthia, and Denise were at a mirror near the room's window. Addie Mae was tying the bow on Denise's sash.

Moments later 14-year-old Carolyn McKinstry, a friend of the other four girls, answered a ringing phone as she entered the church. The caller

THE SIXTEENTH STREET BAPTIST CHURCH

The large, handsome red brick Sixteenth Street Baptist Church stood close to the black-owned A.G. Gaston Motel, where civil rights leaders often stayed. Across the street was Kelly Ingram Park, and downtown Birmingham and city hall were only blocks away. It was the perfect place for protest marchers to gather in the spring and summer of 1963. All the civil rights demonstrations in Birmingham that summer took place within four blocks of the church.

said, "Three minutes." She had no idea what the caller meant. Carolyn went to her Sunday school classroom and began taking attendance while her friends finished getting ready for the service.

Addie Mae's younger sister, Sarah, was washing up at the sink. Moments later, at 10:22 A.M., a bomb exploded. It tore through the 30-inch-thick (76-centimeters) wall next to the lounge and blew out the window near where Carole, Addie Mae, Cynthia, and Denise were standing. Sarah, farther

The Sixteenth Street Baptist Church is on the north side of Birmingham.

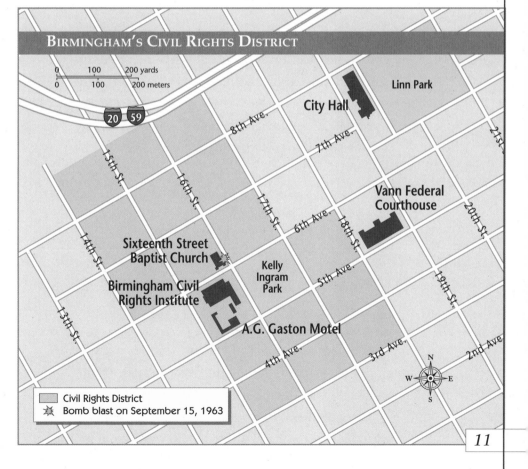

BIRMINGHAM'S CIVIL RIGHTS DISTRICT

City Hall

Linn Park

Vann Federal Courthouse

Sixteenth Street Baptist Church

Kelly Ingram Park

Birmingham Civil Rights Institute

A.G. Gaston Motel

Civil Rights District
Bomb blast on September 15, 1963

BOMBINGHAM

In Birmingham, Alabama, bombings were becoming a way of life in the African-American community. The city came to be known as "Bombingham." One of the most frequently targeted areas was a pleasant African-American neighborhood called Fountain Heights. Fountain Heights had once been a white neighborhood, and segregationists hated the change. Some of them showed their feelings with dynamite. People who grew up in Fountain Heights recall the sound of bomb blasts as part of their childhood. One resident said, "We all just had to run in our closets when we would hear the bombings. ... It was just a common thing." Before long Fountain Heights had a nickname—"Dynamite Hill."

from the wall, was sprayed with glass and hit by chunks of brick and concrete. Blinded and bleeding, she fell to the floor, calling to her sister. But there was no answer. Addie Mae, along with Carole, Cynthia, and Denise, had been killed instantly. Their friend Carolyn McKinstry later recalled:

> *I heard something that sounded, at first, a little like thunder and then just this terrific noise and the windows came crashing in. And then a lot of screaming, just a lot of screaming, and I heard someone say, "Hit the floor." And I remember being on the floor ... and it was real quiet.*

The bomb destroyed the stairs leading to a side entrance to the building and collapsed part of the basement wall. It crushed cars on the street nearby. It blew out all but one of the stained-glass windows upstairs. The only remaining window showed Jesus leading little children. His face was blown out.

Dazed church members who had been inside when the bomb went off made their way to the street. Police were already on the scene. Janie looked for Sarah and Addie Mae, but could not find them. There was much confusion. People ran up and down the stairs and dug in the rubble, looking for their loved ones. A church member,

The explosion at the Sixteenth Street Baptist Church was so powerful it destroyed nearby cars.

13

searching for his two children, turned over a large concrete block. Underneath it was the body of one of the girls.

People all over Birmingham heard the explosion. Some later said they had thought it had been thunder or noises from a nearby factory. The explosion hurt at least 20 other people. Some were in the church, and others just happened to be walking by at the wrong moment.

The bomb killed (clockwise from upper left) Denise McNair, Carole Robertson, Cynthia Wesley, and Addie Mae Collins.

14

Upstairs, Carolyn McKinstry was unharmed, but she was devastated. She said later:

> *These are friends of mine, and we come to Sunday school one day and they're gone. They're dead. They're just blown away and Birmingham goes on with business as usual.*

The police and the Federal Bureau of Investigation (FBI) immediately began work on the case. They quickly identified members of a local branch of the Ku Klux Klan, a racist group, as the likely bombers. This was not the first of the KKK's cruel acts of violence against African-Americans. Nor would it be the last. Such crimes—and there were many, mostly in the South—had gone largely unpunished for 100 years. But justice would eventually come. ◪

The Origins of the Ku Klux Klan

Chapter

2

The Ku Klux Klan was formed in the troubled times after the Civil War ended on April 9, 1865. The racist group grew in response to the changes brought about by the victorious North. The war had left the South battered and bitter. Wealthy Southerners had once enjoyed a life of ease on vast plantations worked by free slave labor. After the war they found their way of life gone forever. Many ordinary Southerners lost everything. They directed their rage against the federal government and against the newly freed slaves.

The war also ruined the South politically. Before the war Southerners were a powerful force in the U.S. government. But now they had no power at all. Lawmakers from Northern states controlled the government after the war. They

After the Civil War freed slaves began to compete with whites for jobs and other opportunities in ruined towns and cities throughout the South.

17

passed laws that stripped the South of its former rights. Perhaps most important for many Southerners, slaves were now free. The whole society of the South had been built on the master-slave relationship. White Southerners feared that this relationship was being turned upside down. To them the federal government seemed to be taking their rights away while giving new rights to freed slaves.

In the late spring of 1866, six young Confederate war veterans met in a law office in Pulaski, Tennessee, and formed a club. The young men chose a name for their club that was based on a Greek word, *kuklos,* which means "circle" or "band." They changed it to *Ku Klux.* To these they added the word *Klan.* It was a deliberately misspelled version of *clan,* which means a close-knit group of people. They wanted their club to attract attention, and it did. They formed a complex system of ranks and gave

THE CIVIL WAR AND RECONSTRUCTION

The Civil War began in 1861, when the Southern states seceded, or withdrew, from the Union. The North and South disagreed on such important issues as slavery and how much power the federal government should have over the states. To keep the Northern and Southern states together as one nation, the North went to war with the South. The North won, and the Union was preserved. But the war, which Southerners called the War of Northern Aggression, left the South defeated. During the period of Reconstruction that followed the war, the Southern states rejoined the Union. But before they were allowed to do so, they had to agree to give African-Americans the same rights that other citizens had. These included the right to vote, to own property, and to live and work freely.

each leader an odd-sounding title. The president was called the grand cyclops, and the vice president was the "grand magi." The group itself was called a den. Members had to take a vow of secrecy. New members joined the group during ceremonies that included practical jokes and comic rituals.

During its first few weeks the Ku Klux Klan's activities were often tame and playful. Members rode out on horseback at night dressed in outlandish costumes. They wore flowing robes with various sewn-on patches. Their faces were covered with

Early Ku Klux Klan members wore various costumes. They did not want to be recognized while they played their cruel tricks.

19

hoods, some with tall, pointed tops. Klan members played pranks. They claimed to be the ghosts of the Confederate dead. They announced that they had ridden twice around the world since dinner and had not had a drink of water since the Battle of Shiloh, which was fought years earlier. They took pleasure in frightening African-Americans with their tricks.

Several months after the first Ku Klux Klan den was founded, other white men in Tennessee formed their own dens. Soon the members of the dens began to take part in more serious activities. In April 1867, representatives from the dens met in Nashville, Tennessee. They changed the KKK into a secret law-enforcement group. The Klan's stated purpose was to protect the weak, the poor, and the defenseless, especially the widows and children of slain Confederate soldiers. But another purpose began to take shape. Anyone wanting to join had to swear that he opposed equality for blacks and supported a government run by and for white men.

Not long after the Nashville meeting, the members of the Ku Klux Klan chose Nathan Bedford Forrest, a former Confederate general, to be their "grand wizard." Soon the group's activities

KLAN VIOLENCE

The early KKK often beat its victims with small tree branches. Some victims got hundreds of lashes. Such floggings often caused permanent scars. Sometimes they lynched black people. A lynching is an execution committed by a mob without a legal trial, to punish a supposed crime, or as an act of terrorism. Lynching was usually done by hanging.

became more violent. The Klansmen would place gallows or models of coffins near the homes of African-Americans. They did similar things to scare Unionists, people whose sympathies were with the North.

As time went on the KKK turned more and more to violence. The most common form of violence was flogging. The Klan also lynched African-Americans, shot them, and burned their homes and schools. They attacked in secret, most often in the middle of the night. They often dragged their victims from their homes before attacking them.

Nathan Bedford Forrest was the first grand wizard of the Ku Klux Klan.

21

The KKK punished people for supposed crimes for which they had not been convicted in a court of law. They attacked African-Americans for trying to enjoy the liberties they had been granted as freedmen. Attending school, opening a business, taking a good job, refusing a bad job, or starting a small farm could bring on an attack. The Klan singled out black veterans of the Union Army. Anyone, white or black, who voted for the Republican Party, the party of Abraham Lincoln, or taught in a black school was in danger. The KKK also targeted Republican lawmakers and agents for the Freedmen's Bureau, which helped former slaves.

White authorities often did nothing about these attacks because they either were too frightened by the KKK or supported their activities. When African-Americans reported crimes, often there were no arrests. But few African-Americans reported crimes against them. They feared that attacks would get worse if they did report them, and they were right. By 1868 the Ku Klux Klan had spread to all Southern states. As in Tennessee, it was supported by many whites. Klansmen worked in law enforcement and for newspapers, telegraph services, and railroads. Many KKK bands were no more than disorganized bands of thugs. But they could count on help from supporters in the community. When Klan members were arrested for crimes, allies in the local government and local law-enforcement organizations saw to it that they were set free.

The Klan attacked African–American families in their homes at night.

However, state and federal governments tried to rein in the KKK. State governors used undercover detectives to gather evidence against them. Federal troops were sent to the places where Klan violence was worst. Throughout most of the South blacks and white Republicans and Unionists tried to escape the KKK's terrorism. They slept in the woods at night, sought protection from federal troops, or fled to larger cities.

In 1868, local and national elections led to more violence in the South. The KKK tried to prevent Unionists and Republicans from gaining power in state and local governments. In Arkansas alone more than 200 blacks and white Republicans were murdered in August, September, and October 1868. Most of these murders were known to be the work of the KKK.

On October 22, 1868, the violence claimed its most prominent victim. In Monroe County, Arkansas, the Klan ambushed and shot to death Republican U.S. Representative James M. Hinds, of Little Rock. Hinds was riding to a campaign event for the Republican presidential candidate, Ulysses S. Grant. In response to the murder, Governor Powell Clayton ordered the state militia to stop the violence. The militia captured many Klansmen who were suspected of major crimes. A handful were convicted in military court and executed, but the rest were released.

In May 1870, the federal government took action against the KKK. Congress passed the Enforcement Act, a law to protect minority voters. Within months federal prosecutors in the South began to charge Klan members with crimes

GRANTING RIGHTS TO AFRICAN-AMERICANS

The 14th and 15th Amendments to the U.S. Constitution were passed after the Civil War. The 14th Amendment, which took effect July 9, 1868, gives African-Americans the rights outlined in the Constitution. The 15th Amendment says people cannot be denied the right to vote based on their race. It took effect February 3, 1870. The Enforcement and Ku Klux acts were passed to make sure the amendments would be honored. These laws made it illegal for two or more people to gather or disguise themselves to try to take anyone's civil rights away.

related to scaring voters. In 1870, the first Klansmen were found guilty. In North Carolina 49 Klansmen were fined and sent to prison for their crimes. The law was not enforced elsewhere, however, and the Klan terror continued.

Congress began to investigate the KKK in January 1871. On March 10 it issued a report. The report detailed how the Klan used fear, beatings, and murder to ensure that the Democratic Party would keep control of the government in the South. It also noted that the KKK had prevented the wrongdoers from being brought to justice. On April 20, in light of the report's findings, President Ulysses S. Grant signed the Ku Klux Act, which was meant to protect civil rights. Authorities in the South began to make arrests and file charges against Klansmen for breaking the new law. In November 1871, 47 Klansmen either pleaded guilty or were convicted in North Carolina. In

President Ulysses S. Grant signed the Ku Klux Act into law on April 20, 1871.

25

December 1871, 28 Klansmen in Mississippi pleaded guilty to murder charges. One Klansman was convicted in Florida. U.S. soldiers were sent to South Carolina to enforce the law.

In May 1871, Congress began another investigation of the KKK. Hundreds of witnesses testified over many months. Many of them were scared to tell what they knew. Some witnesses claimed to have no memory of events they were asked to describe, or they simply lied. Some used their constitutional right not to testify against themselves. The panel submitted its 632-page report in February 1872. The investigation found that the KKK had carried out terrorist activities in the South. The report said local governments had done nothing to stop them and in some cases had supported them.

In the early 1870s hundreds of Klansmen were arrested and convicted of crimes. But by the fall of 1872 the government had stopped its efforts against the KKK. Violence had gone down throughout the South. In addition the courts could not handle the hundreds of cases that were backed up. But another reason was that most Southerners were against putting Klan members on trial. The North had become tired of trying to protect the rights of African-Americans in the South. From 1872 to 1875 the federal government pardoned many convicted Klansmen and dropped charges against those awaiting trial.

Politcal cartoonist Thomas Nast expressed his disgust over KKK violence. He thought the KKK made life worse for African-Americans than it had been under slavery.

After Reconstruction ended in 1877 Southern states began to pass laws that chipped away at the rights granted to African-Americans by the 14th and 15th Amendments. Such laws made it hard or impossible for blacks to vote. They kept blacks from using the public facilities, such as restrooms, railroad cars, and schools, that whites used. Such laws made sure African-Americans remained second-class citizens. The Supreme Court approved such laws in 1896, in the *Plessy v. Ferguson* case. The justices said laws could bar African-Americans from using public facilities reserved for whites as long as equal facilities were available for blacks. This idea was known as "separate but equal." The court's decision meant that some forms of unfair treatment of African-Americans were legal. ◼

Rebirth of the Klan

The Ku Klux Klan's membership shrank in the late 1800s. By the end of the century, it was mostly inactive. But some people still considered the KKK to be a defender of the proper social order. In that social order, whites had all the power, money, and rights. African-Americans had only the meager scraps that whites chose to give them.

D.W. Griffith's motion picture *The Birth of a Nation* spread the message of the KKK. Soon after its first showing in Los Angeles, on January 8, 1915, the movie became a smash hit. Part of the movie told the story of an innocent young white Southern woman who was attacked by a black man. Trying to escape him, she falls to her death. A black militia then chases her family. "Heroic" Klansmen in pure white robes capture

In a scene from The Birth of a Nation, *white-robed Klansmen captured a black man named Gus, who had attacked a white woman. The actor playing Gus was a white man wearing dark makeup.*

The motion picture The Birth of a Nation swept the country in 1915. It reawakened many white Americans' interest in the Klan.

the woman's attacker and rescue the family from the "savage" black militia. As the film was shown in more and more cities, more and more white audiences believed it was fact rather than fiction. The movie led to an increase in bad feelings toward African-Americans.

One person moved by the film was William Joseph Simmons. He was a former Methodist preacher who organized fraternal groups whose members shared beliefs and interests. Many such clubs took part in charity work and social causes. In early 1915 Simmons planned a new group in Atlanta, Georgia. Inspired by *The Birth of a Nation*, he decided his club would be a new version of the Ku Klux Klan. He outlined the new KKK in a handbook he called *The Kloran*. He made up special terms for KKK groups and KKK ranks and invented secret greetings and rituals. For example, a discussion between Klansmen was called a *klonversation.* When two Klansmen met, one would say, "Ayak?" for "Are you a Klansman?" If the answer was yes, the other would reply, "Akia," for "A Klansman I am." The proper response was "Kigy," or "Klansman, I greet you."

THE BIRTH OF A NATION, AND THE CLANSMAN

The Birth of a Nation was the first motion picture epic. It tells the story of the United States from the landing of the Pilgrims through the Civil War and Reconstruction. Unlike most movies before it, *The Birth of a Nation* had exciting outdoor action scenes and realistic acting. The movie was based on a 1905 novel called *The Clansman* by Southern writer Thomas Dixon. In the novel Klansmen ride around the countryside righting wrongs, defending honor, and burning crosses. The KKK of Reconstruction days never burned crosses, though. Dixon probably got the idea from an old tradition of cross burning among clans in Scotland.

The Birth of a Nation was scheduled to open in Atlanta on December 6, 1915. Simmons decided to launch his new social club at the same time. On November 25 Simmons and 15 followers gathered on Stone Mountain, in Georgia, for the first meeting of the new Ku Klux Klan. As in the movie, they burned a cross. It was the first KKK cross burning, and it marked the rebirth of the KKK. Simmons called it the Invisible Empire.

Simmons ran an ad for his new organization next to the ad for the movie in the local paper. The ad said, "Knights of the Ku Klux Klan, The World's Greatest Secret, Social, Patriotic, Fraternal, Beneficiary Order ... Col. W. J. Simmons, Founder and Imperial Wizard." He sent white-robed followers to ride up and down in front of the movie theater on opening night, firing rifles. The stunt worked, and 92 new members signed up in the next two weeks.

Klansmen gathered on Stone Mountain, in Georgia, in September 1921. William Joseph Simmons had revived the Klan there in 1915.

"One Hundred Percent American"

Members of the Ku Klux Klan hated anyone they thought was not "one hundred percent American." Klansmen believed Catholics were more loyal to the pope than to their country. And the pope, according to the KKK, wanted to take over the United States. Jews were seen as completely apart from everything that was good about American life. The Klan believed foreigners were likely to be communists. The new KKK was still racist. But to Klansmen, the people they called "hyphens"—Irish-Americans, Italian-Americans, and other immigrants—were much more of a threat than African-Americans. "Hyphens" were moving into jobs, neighborhoods, and positions of power that had only been open to white Protestants.

"One Hundred Percent Americanism" was the new KKK slogan. Only American-born Protestants were allowed to join. The KKK's stated purpose was to support patriotic and Christian values. It pledged to stamp out all kinds of bad behavior, such as sex outside of marriage, hanging out in nightclubs and bars, using drugs and alcohol, and dishonesty in government. The new KKK made no secret of its dislike of Jews, Catholics, and immigrants.

Imperial Wizard Simmons lacked the skills to lead a large organization. After World War I ended, in 1918, the KKK faced serious money problems. Simmons realized he needed help to sort out the Klan's finances and to increase membership. In June 1920, he hired two professional recruiters and fundraisers, Edward Young Clarke and Elizabeth Tyler. They operated a business called the Southern Publicity Association. Clarke and Tyler started a campaign to get new members. They divided the KKK into local and regional organizations.

The KKK used surprise visits to Protestant churches to sign up new members. A group of hooded Klansmen would march silently up the aisle. The leader of the group would hand a stack of cash to the grateful pastor. The leader would then invite the church members to join. Many did, though a few pastors ordered the Klansmen out of their churches.

New local KKK groups, now called klaverns, appeared in every state. Besides the South, the Klan was especially popular in the Midwest and in California, Oregon, Texas, and Oklahoma. Clarke and Tyler set up a clever system in which leaders could make a lot of money. New members paid $10 to join the KKK. Each leader up the chain of command took his share. The sale of robes, hoods, and other garb brought in even more money. The KKK attracted 100,000 new members within 15 months and took in about $1.5 million (about $16 million in 2008 dollars). Clarke, Tyler, and Imperial Wizard Simmons got rich.

KLANSPEAK

The KKK has always placed great importance on its special terms. Here are a few of them.

Exalted Cyclops leader of a local chapter, or klavern

Grand Dragon head of all the Klan groups in a state

Grand Goblin head of a Klan region, made up of several states

Imperial Wizard national leader

klonvocation convention

klavern local Klan group; the local group's headquarters

Kleagle recruiter

klectoken initiation fee of $10

Kligrapp Klan secretary

klonversation secret conversation between two members

Kloran official guidebook

konklave gathering of members

The KKK sold itself as a patriotic, Christian club. Most Klansmen at this time were law-abiding citizens. But there were plenty of others who were eager to take the law into their own hands. Some Klansmen enforced the KKK's rules by scaring people who broke them. Klansmen avoided businesses owned by immigrants, Jews, Catholics, or anyone they simply did not like.

The KKK began to return to its old violent ways. Klansmen committed beatings, floggings, torture, and even murder. African-Americans who tried to vote became victims. Whites who Klansmen thought were too friendly with blacks were targets. Jewish, Catholic, and foreign-born business owners were not safe.

News stories about the Klan's violence and the growing wealth of KKK leaders began to appear. On September 19, 1921, the *New York World* published a report on KKK violence and cheating. It called the KKK a "menace to the peace and security of every section of the United States" and added that "its evil and vicious possibilities are boundless." It was many Americans' first introduction to the KKK. Some readers were outraged, but others wanted to join the Klan.

In October 1921, Congress began another investigation of the KKK. Imperial Wizard Simmons was called to testify. Despite a lung infection, he calmly answered all questions and turned aside all criticism. He impressed the senators and the onlookers with his speaking ability and his Southern charm. Amazingly, he compared the investigation to the abuse of Jesus Christ. He said:

> *You are ignorant of our principles as were those who were ignorant of the character and work of the Christ. ... Father, forgive you, for you know not what you do.*

Then he fainted.

William Joseph Simmons said the 1921 congressional investigations "made" the Klan.

The effect of the investigation was the opposite of what Congress wanted. The government took no action against the KKK as a result of the hearings. And the publicity helped the Klan. Membership went up by 20 percent. In three months, 200 new klaverns were formed. Less than a year later, nearly 1 million Americans were wearing the cloak and hood of the KKK. According to Simmons:

> *It wasn't until the newspapers began to attack the Klan that it really grew. Certain newspapers aided us by inducing Congress to investigate us. The result was that Congress gave us the best advertising we ever got. Congress made us.*

The Klan in the 1920s

Dur the 1920s the Ku Klux Klan became the leading social club for white Protestants. Its members came from all levels of society. Politicians, preachers, and other community leaders joined the KKK. In some places Klan membership was necessary for getting elected to public office. In the early 1920s, the KKK was a key factor in the election of 16 U.S. senators. Five were Klansmen. By 1922 KKK membership had grown to 3 million. KKK marches through towns were grand spectacles. Onlookers cheered at the passing ranks of robed and hooded men on horseback.

As before, the KKK was dark at its core. It often took the law into its own hands. It became even more dangerous when it took control of local governments. In 1922, Morehouse Parish,

The KKK marched through Binghamton, New York, in 1924. Klan marches were big events in American towns and cities during the 1920s.

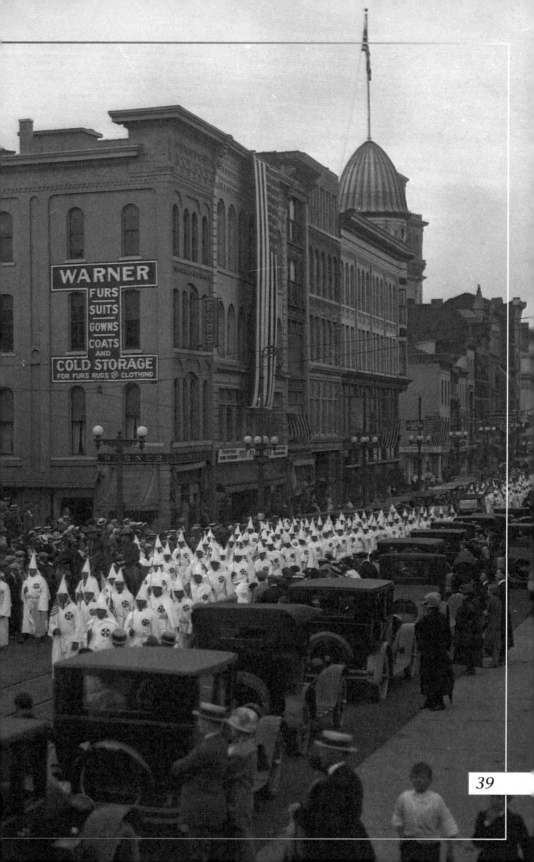

Louisiana, was run by the KKK. Klansmen there murdered two critics of the Klan. Governor John M. Parker begged the U.S. Justice Department for help. Two all-white grand juries—which included known KKK members—failed to bring charges.

In November 1922 Hiram W. Evans took over control of the KKK from Simmons. Evans was a dentist from Dallas and the Klan's imperial kligrapp, or national secretary. Now that he was imperial wizard, Evans worked to make the KKK more active in politics. He also tried to curb the violence. Under Evans the Klan reached the height of its power. Soon after he took over, a group called Women of the Ku Klux Klan was formed. It set up headquarters in Little Rock, Arkansas. Eventually about 500,000 women joined the WKKK. They did what the Klansmen did, except for the violence. By 1925 total Ku Klux Klan membership was about 4 million.

In Indiana, Grand Dragon David Curtis Stephenson took over the state's whole political system. Stephenson handpicked almost every

INDIANA'S GRAND DRAGON

The KKK reached the height of its power in Indiana in the mid-1920s. Indiana's kleagle, or chief KKK organizer, was David Curtis Stephenson. He preached the "purity" of womanhood, supported Prohibition (the nationwide ban on alcoholic beverages), and promoted the KKK as a Christian organization. On July 4, 1923, Stephenson was named the grand dragon of Indiana. His swearing in was attended by the largest gathering of Klansmen ever seen in a Northern state. Under Stephenson's leadership, 350,000 people had joined the KKK in Indiana by 1925.

Republican candidate in the 1924 election. He made some candidates sign a secret paper. They promised him the power to make political appointments in exchange for KKK support. Stephenson chose the governor, controlled both houses of the legislature, and got Klan members elected to many local offices.

The first women allowed in the Ku Klux Klan took their oath during a ceremony in New York.

41

Stephenson also had a deeply disturbing personal side. On the night of March 15, 1925, he summoned 27-year-old Madge Oberholtzer to his home. Oberholtzer held a state government job with a program that provided schoolbooks for towns without libraries. Stephenson had taken her out to dinner several times. She had attended social gatherings at his home. When she arrived that night, she was alarmed. Stephenson was drunk. She tried to leave, but Stephenson would not let her. He and two of his aides kidnapped her and forced her to board a train to Chicago. On the train Stephenson attacked and raped her.

The next morning, the group checked into a hotel in Hammond, Indiana. Stephenson let Oberholtzer leave the hotel with his bodyguard to make some purchases. She went to a drugstore and bought a bottle of mercuric chloride. People at that time used the chemical as a treatment for certain illnesses. But it was also a deadly poison. Oberholtzer and the bodyguard returned to the hotel. Desperate and hopeless, Oberholtzer swallowed several of the tablets. She wanted to make herself sick enough that Stephenson would take her to a hospital. When Stephenson saw how ill she was, he said he would take her. But, he said, she would have to pretend she was his wife. She would not agree to this. Stephenson's driver had come up from Indianapolis, and they all climbed into the car and starting going back home.

Becoming more and more ill, Oberholtzer threatened Stephenson. "I'll have the law on you," she said. "I am the law in Indiana," Stephenson replied. Stephenson took her back to his home. He kept her there all night. Then, to avoid being connected with the crime, he had one of his men sneak her into her own home the next morning.

David C. Stephenson (center) dominated Indiana government in the early 1920s.

The poison had damaged Oberholtzer's kidneys. She was in great pain and slowly dying. But on March 28, she told the story of her kidnapping and assault in front of witnesses. Her words were written down, and she signed the document. Stephenson was arrested and charged with kidnapping and assault. Oberholtzer died 12 days later. Stephenson was then charged with murder.

Oberholtzer's deathbed statement was used against Stephenson in his trial. On November 11, 1925, he was convicted of second-degree murder and he was sentenced to life in prison. None of his former political allies stepped in to save him. When Stephenson realized he was not going to be set free, he announced that he had proof of political crimes in Indiana. He gave several black boxes full of documents to authorities. Stephenson's information destroyed the careers of many important politicians in the state. Governor Ed Jackson was charged with not reporting money he had received from the Klan. Mayor John Duvall of Indianapolis and the chairman of the state Republican Party went to jail. Every member of the Indianapolis city council was convicted of bribery.

After Stephenson's arrest, many KKK members were disgusted and began to resign. In Indiana Klan membership shrank from its peak of about 350,000 members to only 15,000 members. Imperial Wizard Evans wanted to prove to the

nation that the KKK was still important. On August 8, 1925, he had staged the largest Klan rally ever held. About 40,000 robed members paraded down Pennsylvania Avenue in Washington, D.C. It was the last hurrah of the KKK. It never again returned to the power and popularity it had in the 1920s.

About 40,000 KKK members marched in Washington, D.C., in 1925.

45

The KKK suffered not only in Indiana but nationwide. Community leaders and other people had joined the Klan because they mistakenly believed it was Christian, moral, and patriotic. Now that people knew the true nature of its leaders, millions quit. By 1928 total KKK membership was down to only several hundred thousand. Imperial Wizard Evans tried to attract a new sort of membership by calling the KKK "a movement of the plain people." But few people wanted to join a club that claimed it was for those who were poor and unsuccessful.

THE MURDER OF JOSEPH SHOEMAKER

In Tampa, Florida, in 1935, Klansmen brutally tortured and murdered union organizer Joseph Shoemaker. He had founded an organization called the Modern Democrats. Its members called for improvements in workers' lives, such as insurance to help people who had lost their jobs. On November 30, 1935, police raided a meeting of the Modern Democrats in a private home. Shoemaker and a few other men were arrested. The police turned Shoemaker and two other men over to a group of Klansmen. They drove them to the woods, beat them, burned them with a hot poker, and tarred and feathered them. Tarring and feathering is a form of torture, usually carried out by a mob. A person is covered with hot, sticky tar and then thrown into a pile of feathers. The Klansmen shoved Shoemaker's leg into the boiling tar, which caused serious burns. Doctors tried to save his life by cutting off his leg. But he died in the hospital nine days later. No one—neither the Klansmen nor the police who helped them commit the crime was ever punished for the murder.

By 1930 the KKK had only about 45,000 members, mostly in the South. The organization focused its hatred on communists and labor unions. The KKK hated unions because they tried to ensure equal pay for all workers—including African-Americans and immigrants. In the 1930s the KKK actively harassed and intimidated union leaders, especially in the South.

Throughout the 1930s the KKK continued its campaign of violence. Members of East Point Klavern in Atlanta were especially active in 1939

Klansmen terrorized African-Americans by lynching a dummy in Miami, Florida, in the late 1930s. Even so, a record number of African-Americans voted.

47

Hiram Evans served as the Imperial Wizard of the KKK from 1922 to 1939.

K. K. K.

100 %
AMERICAN

TODAY — TOMORROW AND FOREVER

and 1940. They flogged and murdered union leaders, African-Americans, whites who befriended African-Americans, and anyone else whose behavior they did not like. East Point Klavern members flogged a young couple to death when they caught them parked at a local lovers' lane. The reason? The Klansmen did not approve of sexual activity outside of marriage.

Meanwhile, at the KKK's national headquarters in Atlanta, things were not going well. The Great Depression hit the Klan hard. Money was tight, and Imperial Wizard Evans had to sell most of the KKK's real estate. Evans stepped down from his post in 1939.

In 1944, the U.S. government handed the Klan a bill for $685,000 for back taxes on profits earned in the 1920s. The KKK had to sell property to pay the tax bill, and the organization broke up. But there were still a few diehards who believed in the Klan's mission. Only two years later a new leader would rise to lead the KKK out of the shadows once again. ◣

Taking on
Civil Rights

In the spring of 1946, about 1,000 people met at the KKK's old meeting place, Stone Mountain, in Georgia. They had gathered at the request of former Georgia Grand Dragon Sam Green. The Atlanta physician had been a Klan member for 25 years. After a grand ceremony in which 300 new members took the KKK oath and a cross was burned, Green declared, "We are revived."

The new Klan was different from the KKK of the 1920s and 1930s. Gone was the national organization. Instead there would be a group of separate local and state organizations. What connected them were their shared beliefs. They still hated Jews, Catholics, communists, and labor unions. But the KKK of the 1940s returned to its original Reconstruction mission. Its most

Sam Green waved a sword during a swearing-in ceremony for a group of new KKK members on June 17, 1946. Green led the revival of the KKK as a racist group that fought against equal rights for African-Americans.

steadfast belief now was in the inequality of African-Americans. The KKK vowed to make sure blacks would never enjoy social, legal, or political equality with whites. Green called his group the Association of Georgia Klans. Atlanta soon had five klaverns. On March 29, 1946, a group of Klansmen in Birmingham burned eight crosses to celebrate the KKK's return to Alabama. By 1949 Georgia alone had more than 160 klaverns.

Klaverns were soon founded throughout the South. Most KKK members were white men with little education who worked in low-wage industrial jobs. They often turned to violence. In 1951, in Miami, Florida, alone, KKK groups carried out 18 bombings of black homes, synagogues, and Catholic churches. One attack killed Harry T. Moore and his wife. Moore was a public school official and the head of the Florida National Association for the Advancement of Colored People. Klansmen broke into the Moore home near Mims, Florida, and planted a bomb under a bed on Christmas Day. Klansmen set the bomb off after the Moores had gone to bed. Moore and his wife were killed.

Some states tried to stop Klan violence by passing laws making secret masked societies illegal. The violence dropped for a while. Then the day that Klansmen called Black Monday arrived. It set into motion one of the most terrible periods of KKK violence since Reconstruction. On May 17, 1954, the U.S. Supreme Court handed down its decision in the case *Brown v. Board of Education*. The decision overturned years of legal segregation of African-Americans and whites in public schools. It gave a new sense of purpose to both the civil rights movement and the Ku Klux Klan.

In 1958, the Supreme Court decided that segregation in bus stations was unconstitutional. In May 1961, a group of 13 white and African-American "Freedom Riders" decided to test the ruling. They boarded two buses in Washington, D.C., that were headed to New Orleans. On May 14 the KKK struck in Anniston, Alabama. Klansmen burned one bus and then beat the riders after they had boarded the other bus. The second bus, with its injured riders, continued to Birmingham, where they were attacked again. A group of 25 Klansmen from a klavern known as Eastview No. 13 beat the riders with iron pipes, chains, and crates—anything they could swing. They had the approval of the local police. Again the riders who were less seriously injured boarded another bus. When they arrived in Montgomery, Klansmen armed with clubs and pipes struck again.

BROWN V. BOARD OF EDUCATION

Oliver Brown's daughter was denied entry to a neighborhood public school in Kansas in 1951 because she was an African-American. Brown was one of several parents in Kansas who sued the board of education of Topeka for not allowing their children to attend the school. Laws that had allowed this kind of segregation were based on the "separate but equal" principle that the Supreme Court had adopted in 1896. The Brown case eventually went to the Supreme Court. In a unanimous decision, the justices declared that, in the case of schools, separate was clearly not equal. The justices agreed that school segregation harmed black children both academically and psychologically.

53

Alabama Klansmen set fire to a Greyhound bus that carried a group of civil rights demonstrators. The so-called Freedom Riders rode two buses through the South to challenge the segregation of blacks in bus stations.

KKK groups throughout the South were enraged by the arrival of these and other protesting outsiders from the North. They were also inspired by the ruthless response of the Klansmen in Alabama. More than 12 independent KKK groups operated in the South during the 1960s. Hoping to find ways for the groups to work better together, 500 Klansmen met in Indian Springs, Georgia, in July 1961. They formed a multistate group called the United Klans of America. Bobby Shelton, the 32-year-old leader of the Alabama Knights, was elected imperial wizard. The UKA became the largest KKK organization in the country.

It was a time of change. African-Americans were inspired and encouraged by the court cases that did away with segregation laws. The bravest among

KING IN BIRMINGHAM

Martin Luther King Jr. wanted to raise awareness of the civil rights movement. He decided to stage a nonviolent campaign in Birmingham. "Birmingham is a symbol of hard-core resistance to integration," he said. "It is probably the most thoroughly segregated city in the United States." King issued a formal statement, the Birmingham Manifesto, on April 3, 1963. It called for an end to segregation. During the next month African-Americans began to take part in peaceful sit-ins and marches.

them were taking bold steps toward claiming their civil rights. One of them was 29-year-old James Meredith, an Air Force veteran. Meredith wanted to attend the University of Mississippi, an all-white college. On October 1, 1962, guarded by federal marshals, he arrived on campus to enroll. White demonstrators and the KKK rioted. They fired shots and threw rocks and crude bombs. The violence continued all night and was stopped only by the arrival of 3,000 federal troops sent by President John F. Kennedy. In the end, two people were killed.

On May 3, 1963, more than 1,000 civil rights demonstrators gathered at Sixteenth Street Baptist Church in Birmingham. They planned to march from the church toward downtown. They had tried to march there before. But every time they had marched, the Birmingham police—many of whom were active KKK members—had rounded them up and taken them to jail. On this day there were more marchers than police. No sooner had they left the church than the police were upon them.

What happened that afternoon shocked television viewers across the nation. They saw demonstrators, including children, being carried off to jail, attacked by police dogs, and slammed to the ground by powerful blasts of water from fire hoses. "I don't know if anybody has ever thought about the pressure from those hoses," recalled Carolyn McKinstry, who, four months later, would survive the Sixteenth Street Baptist Church bombing. On May 3, she was one of hundreds of teenagers who joined the march. "You could just feel it sting. It was almost like being whipped. ... It sort of hit me in the face and ... took my hair out." Birmingham business and government leaders began to realize that the unrest was bad for business. A week after the march, they agreed to support desegregation.

Klansmen all over the South watched the events in Birmingham with great concern. It seemed that African-Americans, with the help of the federal government, were making progress. Not since Reconstruction had white segregationists felt such a threat to their way of life. On May 11, 1963, the UKA held a rally outside Birmingham. Grand dragons from Mississippi, North Carolina, Tennessee, Texas, and Georgia promised to do whatever they could to help Klansmen in Alabama. They would fight to the death if necessary. Evidence suggests that they decided to kill civil rights leader Martin Luther King Jr.

In Birmingham several Klansmen from Eastview Klavern No. 13, including Tommy Blanton, Herman

Cash, Robert Chambliss, Bobby Frank Cherry, John Wesley Hall, and Troy Ingram, formed a splinter group. Their meeting place was a shack under a bridge on the Cahaba River. The Cahaba Boys, as they called themselves, would go to almost any lengths to prevent integration. Throughout the spring and summer of 1963, the Cahaba Boys carried out bomb attacks on black-owned businesses, black churches, and homes of black community leaders. Their bombings caused damage and spread fear among African-Americans.

Police dogs were used to attack African-Americans who demonstrated in Birmingham in early May 1963.

57

It was widely believed that Eastview Klavern No. 13 was responsible for bombings on May 11, 1963, after the UKA rally outside Birmingham. That night, the home of Martin Luther King Jr.'s brother, A.D. King, was destroyed. He and his family narrowly escaped death. Other bombs damaged the A.G. Gaston Motel, a black-owned motel near the Sixteenth Street Baptist Church, where King and other civil rights leaders sought refuge. No one was ever charged with the bombings.

The A.G. Gaston Motel was bombed during a civil rights conference in Birmingham.

The bombings sparked a race riot near the motel. African-Americans burned cars, looted stores, and threw bricks and bottles at whites. Police on horseback beat the rioters with their rifles and attacked black people who were only watching from their porches.

On June 11 two African-American students arrived for their first day of classes at the University of Alabama, in Tuscaloosa. Governor George Wallace blocked the doorway of the school. But President Kennedy had sent the National Guard to enforce a federal court order that the two students must be allowed to enroll. The governor backed down. In July a court ordered Birmingham schools to mix students of different races, beginning in September. The KKK could only watch in disgust and plan its next wave of violence.

All summer long the Reverend John Cross, pastor of the Sixteenth Street Baptist Church, received bomb threats. Each time a threat came in, he would cancel whatever meeting or other church activity was scheduled at the time. But as September arrived nothing had come of the threats. ◣

59

The Violence Peaks

Chapter

6

Throughout the summer of 1963, Eastview Klavern No. 13 continued its violent campaign of terror. On August 20, a bomb exploded at the home of Arthur Shores, an African-American lawyer who lived in Birmingham. Shores had been a sworn enemy of the KKK since the 1940s. At that time he had helped a black client win the right to move into a white neighborhood. Shores was not injured in the blast, but the bombing set off a riot near his home. Someone told the FBI that several members of Eastview Klavern No. 13 had planted the bomb.

School started in Birmingham September 4. Racial integration was starting, too, and picketers protested the arrival of a handful of African-American students at schools that had been

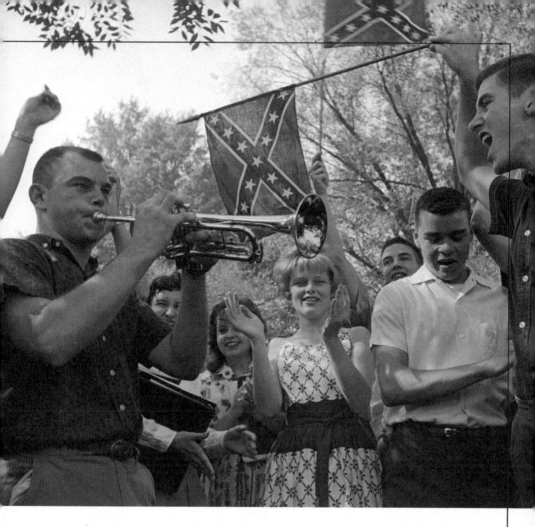

all-white. That night another bomb exploded at Shores' house. Again neither he nor his wife was hurt, but a black man was shot and killed by police in the rioting that followed.

White students at West End High School in Birmingham sang "Dixie" to protest the integration of their school in September 1963.

Bob Chambliss and the rest of the Cahaba Boys of the Eastview Klavern No. 13 despised the Sixteenth Street Baptist Church and all it stood for. It is likely that the Cahaba Boys planned the bombing of the church during meetings in September. One place they met was the Modern Sign Shop, where many KKK protest signs were made. Chambliss was widely believed to be the leader of the plot.

Witnesses saw men fitting the descriptions of some of the Cahaba Boys near the church on several nights in September. Bobby Birdwell, who had been a friend of Frank Cherry's son, said many years later that he had heard Cherry and three other men talking about a bomb and 16th Street a few days before the bombing.

On Saturday, September 14, the Cahaba Boys were ready to carry out their plot. Chambliss was at home early that morning when his niece Elizabeth Hood stopped by for a visit. Over coffee Chambliss bitterly complained about the recent court order to integrate the public schools. He hinted to his niece that he would do something about it. He told her he had "enough stuff to flatten half of Birmingham." She knew that by "stuff," he meant dynamite. When she asked him what good that would do, he replied, "You just wait until after Sunday morning and they will beg us to let them segregate."

In the predawn hours of Sunday, September 15, Bob Chambliss, Tommy Blanton, Cherry, and Herman Cash phoned in a fake bomb threat to police to distract them. Then they all climbed into Blanton's pale green and white 1957 Chevy and

"DYNAMITE BOB"

Robert (Bob) Chambliss was known around town as "Dynamite Bob" because of his bomb-making skills —and his willingness to use them. He was widely believed to have been largely responsible for dozens of bombings in Birmingham in the 1940s, 1950s, and 1960s. Chambliss had been a member of the KKK since about 1924. He had joined after seeing *The Birth of a Nation.*

drove to the church. While hiding in a side stairwell leading to the church basement, they dug a hole near the basement door. The door was on the side of the church, near the rear, facing 16th Street. On the other side of the wall was the women's lounge. They planted their bomb in the hole. Then they drove off into the night, while the timer on the bomb counted down the minutes.

On Sunday, September 15, 1963, at 10:22 A.M., the bomb ripped through the basement of the church. Carole Robertson, Addie Mae Collins, Cynthia Wesley, and Denise McNair were killed, and 20 other people were injured.

Local police and the FBI started an investigation. The only evidence they found at the bomb site was a piece of wire and some melted red plastic that may have been part of the bomb's timer. But the plastic piece was later lost. Chambliss was immediately identified as a suspect, and FBI agents interviewed him at his home the next day. Blanton, Cherry, and Troy Ingram were given tests designed to detect lies. Authorities said their answers suggested that all were involved in the bombing. FBI agents also hid sound recorders in Blanton's home.

On September 29, local police arrested Chambliss and two other men, Charles Cagle and John Hall, charging them with possession of dynamite, a minor crime. The charges were eventually dropped. The investigation continued. By 1965 FBI agents in Birmingham believed they had enough evidence to arrest and convict Chambliss and Blanton. Three witnesses reportedly saw Chambliss and other members of the Eastview Klavern No. 13 near the church hours before the bombing. But J. Edgar Hoover, director of the FBI, would not give the go-ahead to make arrests or share information with local law enforcement officials. The bombers remained free.

In the meantime KKK activity was heating up in Mississippi. Integration of the University of Mississippi in 1962 was a major defeat for segregationists there. In February 1964, a new KKK group sprang up in Mississippi. Its members called themselves the White Knights of the Ku Klux Klan of Mississippi. The group's imperial wizard was a lanky, college-educated, 40-year-old business owner named Samuel Holloway Bowers.

Bowers was possibly the most dangerous leader in the history of the KKK. He was smart, religious, and a skilled organizer. He led the Mississippi KKK

J. EDGAR HOOVER AND CIVIL RIGHTS

FBI Director J. Edgar Hoover was no friend of the civil rights movement. He believed that many people in the movement, including Martin Luther King Jr., were communists. Communism is a political system in which the government controls all businesses and property. The U.S. government had been firmly against communism since the early 1900s. Hoover suspected that communists wanted to overthrow the U.S. government and were using the people in the civil rights movement to help them do so. He believed communists were more dangerous than the KKK. So he ordered agents to spy on King. And he often interfered with FBI investigations of KKK violence and other civil rights cases.

for five years. During that time, according to the FBI, he planned and ordered nine or more murders, 75 church bombings, and 300 assaults, beatings, and other bombings. He told his followers that such actions were God's will, and that murders should be carried out "in silence, without malice, in the manner of a Christian act."

Before becoming imperial wizard, Samuel Bowers had served in the Navy, and he ran a jukebox and vending machine business.

A civil rights group known as the Council of Federated Organizations announced in 1964 that it would begin a major education and voter registration drive the following summer. It invited volunteers from the North to come to Mississippi. One of the first to arrive was a 24-year-old graduate of Cornell University named Michael "Mickey" Schwerner. He set up a COFO field office in Meridian, with a library of books on black history and civil rights. James Chaney, a 21-year-old local African-American, soon joined the staff.

Bowers was watching this latest "invasion" from the North closely. He believed that the best way to fight the enemy was in secret. Open attack would attract the attention of the federal government, and this was the last thing he wanted. Bowers' strategy was to pick off COFO's leaders one by one. In May he named his first target—Mickey Schwerner. He planned the crime carefully.

In June Schwerner and Chaney attended a training seminar in Ohio. There they met Andrew Goodman, a 20-year-old college student from New York City who was eager to help the cause of civil rights. On June 20 the three men arrived in Meridian. Early the next morning they drove to the outskirts of Philadelphia, Mississippi, to inspect the ruins of the Mount Zion Methodist Church. The White Knights had burned the church the night before. After interviewing church members, they got back into their blue station wagon and drove off. Deputy Sheriff Cecil Price was waiting.

He pulled them over and charged Chaney, who was driving, with speeding. He locked the three men in the county jail. At 10:30 that night he let them go.

In statements to the FBI and later in court, witnesses told what happened after that. Schwerner, Chaney, and Goodman had not driven far before Deputy Price pulled them over again. Price ordered them into his patrol car. He hit Chaney on the head and drove them to a secluded

THE CIVIL RIGHTS ACT OF 1964

President Lyndon B. Johnson signed the Civil Rights Act July 2, 1964. The law made it illegal for restaurants, hotels, theaters, and other businesses to refuse service to any person because of his or her race, religion, or ethnic background. The KKK responded with increased violence, destroying black churches, businesses, and schools.

part of the woods. Two carloads of Klansmen belonging to the White Knights followed. Another Klansman, driving the victims' blue station wagon, joined them. A Klansman named Wayne Roberts dragged Schwerner from the patrol car. "Are you that nigger lover?" he asked. Schwerner replied, "Sir, I know just you how feel." Roberts shot him once in the heart.

Roberts then took Goodman from the car and shot him once in the heart. Who shot Chaney is unclear. One witness recalled that Klansman James Jordan said, "Hey, save one for me," then took Chaney from the patrol car and shot him more than once. Jordan said that Roberts shot Chaney. The Klansmen loaded the bodies into the back of the station wagon. They drove to a farm, where a dam was under construction. Some Klansmen used a bulldozer to bury the bodies under the dam. Others splashed the station wagon with gasoline and set fire to it.

On June 22 at 12:20 A.M., volunteers at the COFO office reported the three men missing. A Klansman later told investigators where they could find the bodies. They were discovered on August 4, six weeks after the killings.

The FBI offered a reward of $30,000 for information related to the disappearance of Andrew Goodman, James Chaney, and Mickey Schwerner.

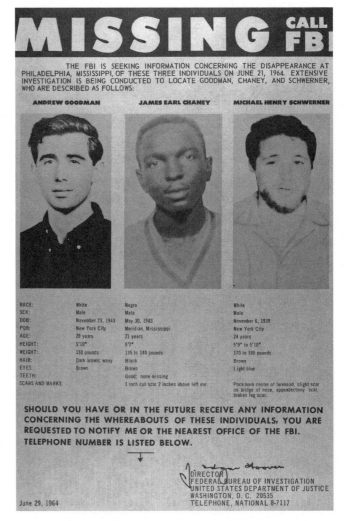

MISSING

CALL FBI

THE FBI IS SEEKING INFORMATION CONCERNING THE DISAPPEARANCE AT PHILADELPHIA, MISSISSIPPI, OF THESE THREE INDIVIDUALS ON JUNE 21, 1964. EXTENSIVE INVESTIGATION IS BEING CONDUCTED TO LOCATE GOODMAN, CHANEY, AND SCHWERNER, WHO ARE DESCRIBED AS FOLLOWS:

ANDREW GOODMAN   **JAMES EARL CHANEY**   **MICHAEL HENRY SCHWERNER**

	ANDREW GOODMAN	JAMES EARL CHANEY	MICHAEL HENRY SCHWERNER
RACE:	White	Negro	White
SEX:	Male	Male	Male
DOB:	November 23, 1943	May 30, 1943	November 6, 1939
POB:	New York City	Meridian, Mississippi	New York City
AGE:	20 years	21 years	24 years
HEIGHT:	5'10"	5'7"	5'9" to 5'10"
WEIGHT:	150 pounds	135 to 140 pounds	170 to 180 pounds
HAIR:	Dark brown; wavy	Black	Brown
EYES:	Brown	Brown	Light blue
TEETH:		Good; none missing	
SCARS AND MARKS:		1 inch cut scar 2 inches above left ear.	Pockmark center of forehead, slight scar on bridge of nose, appendectomy scar, broken leg scar.

SHOULD YOU HAVE OR IN THE FUTURE RECEIVE ANY INFORMATION CONCERNING THE WHEREABOUTS OF THESE INDIVIDUALS, YOU ARE REQUESTED TO NOTIFY ME OR THE NEAREST OFFICE OF THE FBI. TELEPHONE NUMBER IS LISTED BELOW.

DIRECTOR
FEDERAL BUREAU OF INVESTIGATION
UNITED STATES DEPARTMENT OF JUSTICE
WASHINGTON, D. C. 20535
TELEPHONE, NATIONAL 8-7117

June 29, 1964

Four months after the shootings, James Jordan confessed that he had been involved in the crime and agreed to testify. The FBI arrested 19 men, including Sheriff Lawrence Rainey and Deputy Sheriff Cecil Price. They were charged with depriving Schwerner, Chaney, and Goodman of their civil rights, a federal crime. The charges were thrown out, however, because there was not enough evidence. Charges were again brought in January 1965. U.S. District Judge William Harold Cox, a supporter of segregation, threw out all charges except those against Rainey and Price. The U.S. Justice Department appealed the decision to the Supreme Court.

Meanwhile the Klan was stepping up attacks on civil rights protesters in other states. On February 18 protesters rallied at a church in Marion, Alabama. As they marched toward the county courthouse, they were attacked by law enforcement officials and other local whites. Jimmy Lee Jackson, who was 26, was fatally shot while protecting his mother and elderly grandfather from a beating.

In a protest over the killing, 600 demonstrators set out from Selma, Alabama, on March 7 to march to Montgomery, 54 miles (86.4 kilometers) away. State, county, and local police, some on horseback, set upon the peaceful protesters. They beat them with clubs and whips, shocked them with cattle prods, and blinded them with tear gas. Seventeen people were sent to the hospital. News cameras recorded the savagery of what came to be called

Bloody Sunday. Two days later one of the marchers, a white Unitarian minister from Boston named James Reeb, walked past the Silver Moon Cafe, a KKK hangout. Four Klansmen attacked and beat Reeb with clubs. He died two days later. The nation was stunned and horrified. Protesters marched in more than 80 cities. On March 15 President Lyndon B. Johnson delivered a speech before Congress calling for swift passage of a voting-rights law.

Martin Luther King Jr. called for members of the clergy, teachers, and celebrities to join him in a massive four-day march from Selma to Montgomery on March 21. To protect the marchers, President Johnson put the Alabama National Guard under federal control. He also sent FBI agents, military police, and 2,000 regular soldiers to keep the peace.

On March 25, the last day of the march, 25,000 to 30,000 protesters gathered in front of the Alabama Capitol in Montgomery. King addressed the crowd, congratulating them and giving thanks for a successful and peaceful march. One of the marchers was a 39-year-old white mother of five from Detroit named Viola Liuzzo. She offered to drive several marchers back to Selma.

When she got to Selma, one of her traveling companions, a 19-year-old African-American volunteer named Leroy Moton, said he needed to return to Montgomery. Liuzzo offered to drive him back. They left around 7:30 P.M. It was dark.

They had not gone far when they noticed a car following them. In the car were four members of the Alabama Knights of the Ku Klux Klan, Collie Wilkins, Eugene Thomas, William Eaton, and Gary Rowe Jr. The Klansmen were astonished to see a white woman and a black man in the car. The Klansmen pulled up beside them. Eaton and Wilkins fired 14 shots into the car. Two bullets struck Liuzzo in the head, and she died instantly. Moton, who lay in the car and pretended to be dead, was only slightly injured.

The window of Viola Liuzzo's car was smashed and the car was bloodstained during her murder.

Gary Rowe was a paid FBI informant. He told the FBI the names of the shooters. Before noon the next day, Wilkins, Thomas, and Eaton were arrested on the federal charge of depriving Viola Liuzzo of her civil rights. Soon after that, Alabama charged them with murder. President Johnson announced a government investigation of the KKK and ordered the FBI to increase its spying efforts.

In November all three men went on trial on federal civil rights charges. On December 3 the jury found all three guilty. The judge gave them the maximum sentence: 10 years in prison. Eaton died of a heart attack on March 9, 1966, before going to prison. Thomas and Wilkins were tried for murder in state court and found not guilty. But both men served prison sentences for their civil rights convictions.

President Johnson had signed the Voting Rights Act into law on August 6, 1965. The KKK got exactly the opposite of what it had hoped for. And during the next several years, some of its members finally got what was coming to them—in courts of law.

In October 1967, 18 members of the White Knights of Mississippi were charged with conspiring, or working together in secret, to deny Schwerner, Goodman, and Chaney their civil rights. The jury found Imperial Wizard Sam Bowers, Wayne Roberts, Deputy Sheriff Cecil Price, and four others guilty. On December 29 the judge sentenced

President Lyndon B. Johnson signed the 1965 Voting Rights Act into law at the U.S. Capitol.

Bowers and Roberts to 10 years in prison and Price to six years. The others got lesser sentences. Without a leader, the White Knights of Mississippi fell apart. ◣

The Klan's Fourth Era: The 1970s and Beyond

Chapter

7

After its defeats in the civil rights era, the importance of the Ku Klux Klan quickly faded. According to the FBI, Klan membership shrank from 40,000 in 1965 to about 14,000 in 1968. By 1970 there were about 3,500 KKK members, and in 1974 only about 1,500. The KKK was the weakest it had ever been, but it was not dead. The UKA still limped along, and Bobby Shelton still served as imperial wizard. The KKK was, perhaps, just waiting for a new leader to take it into its next era.

That leader came along in 1974. His name was David Duke. He was young—only 24—well spoken, fit, handsome, intelligent, and a college graduate. But the differences between him and all KKK leaders before him were only skin deep. Duke was still a racist through and through. He

David Duke tried to modernize the Klan and make its racist views more tolerable to mainstream Americans.

wanted to bring the KKK into the modern day—in his words, "to get out of the cow pasture and into the hotel meeting rooms." He changed KKK names and titles. He took the title national director instead of imperial wizard. He called cross-burnings "illuminations."

When he graduated from college in 1974, Duke took over leadership of the Knights. He recruited at colleges and universities. He won many new

THE MAKING OF A KKK LEADER

Born in Tulsa, Oklahoma, David Duke had all the privileges of an upper-middle-class upbringing. He attended school in the Netherlands and then in Georgia before his parents settled in New Orleans. While attending Louisiana State University, he spent a year abroad teaching English to military officers in Laos. When he got back, he joined the Knights of the Ku Klux Klan. He studied anti-Semitism and white supremacy, the belief that whites are superior to people of other races.

members by preaching nonviolence. He explained his "pro-white" ideals in ways that sounded reasonable to whites who thought public policies were now giving unfair advantages to members of minority groups.

Duke talked less about African-Americans' being inferior to whites. Instead he focused on the superiority of the white race. The KKK now had new causes. One was fighting programs designed to correct unequal treatment of African-Americans and other minorities in housing, schools, and workplaces. Such programs included school busing, in which white and black students were required to attend certain schools to create racial balance.

Another program the KKK fought was affirmative action. This policy tries to make sure that women, African-Americans, and other minority-group members are hired for jobs from which they have been excluded in the past. Affirmative action often involves hiring a minority-group member or a woman instead of an equally qualified white male.

The KKK thought these kinds of programs gave unfair advantages to members of minority groups. According to Duke:

> *We're not anti-black so much as we're pro-white. There are a thousand different organizations, it seems like, that are working for the interest of the blacks and other minorities. We're simply an organization that is working for the interests and the ideals and the culture of the white people.*

Thanks largely to David Duke, the KKK revived again. Under his leadership membership grew to 3,500 members, with groups in seven states. In 1974, Duke appointed leaders for the state KKK groups. One of the most successful leaders was Elbert Claude "Bill" Wilkinson, whom Duke assigned to lead the Louisiana group. But Duke seemed to spend more time getting attention for himself in the media than doing Klan business. Duke ran for the Louisiana state Senate in 1975. He lost but received 33 percent of the vote. Many KKK members were not happy with Duke's leadership. Wilkinson broke away in 1975 to

Bill Wilkinson, head of the Invisible Empire, Knights of the Ku Klux Klan, directed his followers as they gathered for a rally in Decatur, Alabama, in 1979.

form his own group, which he called the Invisible Empire, Knights of the Ku Klux Klan.

Four years later a deadly conflict broke out between the North Carolina Knights of the Ku Klux Klan and the Communist Workers Party in Greensboro, North Carolina. The CWP announced that it would hold an anti-Klan rally on November 3, 1979. Its members publicly dared the Klansmen to come to their rally. A group of 40 Klansmen and neo-Nazis showed up. Neo-Nazis, who are extreme anti-Semites, follow the ideas of the Nazi Party, which governed Germany in the 1930s and 1940s under its leader, Adolf Hitler. The original Nazi party was responsible for the murder of 6 million Jews and other people during World War II.

News cameras were rolling as the CWP members beat on the KKK and neo-Nazi vehicles with their hands and sticks, and a fight broke out. The Klansmen and neo-Nazis went to their trunks and got guns. They opened fire, and five CWP members were killed. The dead included two physicians, two union organizers, and a nurse.

JUSTICE FOR FOUR LITTLE GIRLS

It was many years before the Sixteenth Street Baptist Church bombers paid the price for their crimes. Attorney General Bill Baxley of Alabama reopened the case in 1970. After years of investigation, "Dynamite Bob" Chambliss was charged with murder in September 1977. Chambliss' niece, now a Methodist minister, testified against him. Baxley made his closing statements on November 17, 1977. It would have been Denise McNair's 26th birthday. Chambliss was convicted of murder the next morning and sentenced to life in prison. In 2001, Tommy Blanton was convicted of murder. Bobby Frank Cherry was convicted in 2002. Both received life sentences. Herman Cash died in 1994 without ever being charged.

Four Klansmen and two neo-Nazis were charged with murder. The unarmed victims had been shot execution-style. But the jury believed the shooters had acted in self-defense. Public opinion ran against the victims because they were communists. The shooters were found not guilty.

The publicity of the trial helped the Klan. By 1980 it was again gaining popularity, even in such Northern states as Indiana, Connecticut, Pennsylvania, and Colorado. Wilkinson spread the message that blacks were taking jobs that whites deserved, and people listened. In Texas Grand Dragon Louis Beam ran four military training camps for Klansmen. He also ran Klan Youth Corps summer camps where children received military training and were taught that segregation was desirable. Acts of violence by Klan members, including teens, increased.

In 1981, one of the KKK's cruelest acts of violence in years occurred. A jury could not come to a verdict in the trial of a black man accused of murdering a white policeman in Mobile, Alabama. A local UKA leader named Bennie Hays became enraged. "If a black man can get away with killing a white man, we ought to be able to get away with killing a black man," he said. His son

THE SOUTHERN POVERTY LAW CENTER

Morris Dees and Joe Levin, two white lawyers, founded the Southern Poverty Law Center in Montgomery, Alabama, in 1971. The SPLC started as a small civil rights law firm. Today it is known around the world. Its main jobs are to fight discrimination, educate people about racial tolerance, and file lawsuits for victims of hate groups. In 1981, it formed Klanwatch, an organization to keep an eye on the Klan and take action against it. In the years following, the number of hate groups grew. Such groups include neo-Nazis, racist skinheads, the Christian Identity movement, and others. The most violent of these had no ties to the KKK. So Klanwatch changed its name to the Intelligence Project. It is staffed by experts on hate activity in the United States.

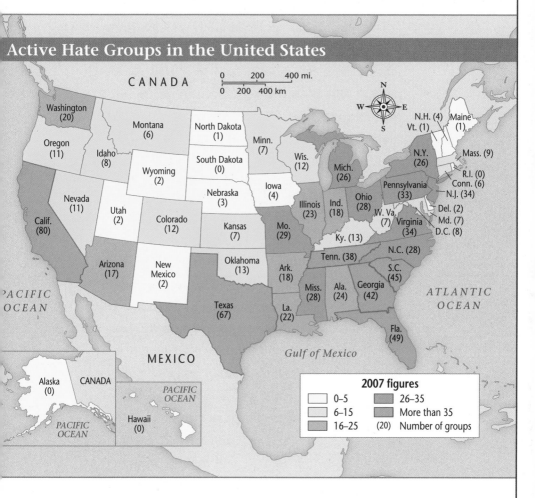

Active Hate Groups in the United States

CANADA

0 200 400 mi.
0 200 400 km

N
W—E
S

Washington (20)
Montana (6)
North Dakota (1)
Minn. (7)
N.H. (4) Maine (1)
Vt. (1)
Oregon (11)
Idaho (8)
Wyoming (2)
South Dakota (0)
Wis. (12)
Mich. (26)
N.Y. (26)
Mass. (9)
Nevada (11)
Utah (2)
Iowa (4)
Pennsylvania (33)
R.I. (0)
Conn. (6)
N.J. (34)
Calif. (80)
Colorado (12)
Nebraska (3)
Illinois (23)
Ind. (18)
Ohio (28)
Del. (2)
Md. (7)
D.C. (8)
Kansas (7)
Mo. (29)
Ky. (13)
W. Va. (7)
Virginia (34)
Arizona (17)
New Mexico (2)
Oklahoma (13)
Ark. (18)
Tenn. (38)
N.C. (28)
S.C. (45)
PACIFIC OCEAN
Texas (67)
La. (22)
Miss. (28)
Ala. (24)
Georgia (42)
ATLANTIC OCEAN
Fla. (49)

MEXICO

Gulf of Mexico

Alaska (0)
CANADA
PACIFIC OCEAN
PACIFIC OCEAN
Hawaii (0)

2007 figures

☐ 0–5	☐ 26–35	
☐ 6–15	☐ More than 35	
☐ 16–25	(20) Number of groups	

Henry Hays, 26, and a 17-year-old friend named James "Tiger" Knowles took his words to heart. On the night of March 21 they drove around the streets of Mobile, looking for a black man to kill. They found 19-year-old Michael Donald, who was walking home. They forced him into their car and drove him to the woods. They beat him with a tree limb and slashed his throat. Then they drove his body back to Mobile, where they hung it from a tree.

The Southern Poverty Law Center estimated that 888 hate groups operated in the United States in 2007.

81

Two and a half years later, Hays and Knowles were both convicted of murder. Knowles testified for the prosecution, and he was spared the death penalty. But Hays was sentenced to death and was executed on June 6, 1997. It was the first time in Alabama since 1913 that a white man had been put to death for the murder of a black man.

In 1985, lawyer Morris Dees of the Southern Poverty Law Center persuaded Michael Donald's mother, Beulah Mae, to file a civil lawsuit against the UKA, the Knights of the Ku Klux Klan, Bennie Jack Hays, and other Klansmen for causing her son's murder. The case went to trial in February 1987. Klansmen took the stand and told how KKK leaders encouraged them to commit acts of violence. The jury found in favor of Beulah May Donald. She was awarded $7 million for what had happened to her son. The only things of value the KKK had were about 10 acres (4 hectares) of land and a 7,000-square-foot (630-square-meter) headquarters building. The property was turned over to Beulah Mae Donald. The judgment destroyed the UKA and sent a message to other KKK groups that their violent acts would have a high price.

A mini-revival of the Klan started in Indiana in 1995. Jeff Berry founded the American Knights of the KKK in Butler, Indiana. It became the most active Klan group in the United States and eventually grew to 27 chapters in 13 states.

In 1999, Berry held TV reporter George Sells IV and camerawoman Heidi Thiel hostage in his home. They were there to interview him. During the interview, the reporters told Berry that they were planning to interview a former American Knights of the KKK member who had renounced racism. Berry became angry and stopped the interview. He and other Klansmen ordered Sells and Thiel to give them the tapes of their interview with him. When they refused, the Klansmen locked the reporters in Berry's house and repeatedly pumped a shotgun. They finally let the reporters go when they turned over their tapes. In late 2001, Berry was sentenced to seven years in prison for kidnapping. The American Knights of the KKK disbanded.

Church burnings continued to be among the KKK's favorite methods of terror. The Southern Poverty Law Center counted more than 200 church burnings between 1994 and 1999. In June 1995, members of the Christian Knights of the KKK burned Macedonia Baptist Church in Clarendon County, South Carolina. In 1998, The Christian Knights of the KKK, its state leader, and four other Klansmen were ordered to pay $37.8 million for

HATE MUSIC

Today's white supremacists often express their racism in music. In 2008, the SPLC counted 14 racist record labels in the United States. Resistance Records, based in Hillsboro, West Virginia, is the best known. Ron Edwards, founder of the Imperial Klans of America, organizes an annual racist music festival called Nordic Fest on the IKA's 28-acre (11.2-hectare) compound in Dawson Springs, Kentucky. The Memorial Day weekend event brings together Klansmen, neo-Nazis, skinheads, and other extremists.

setting fire to the church. A judge later reduced the award to $21.5 million, but it was still the largest judgment ever against a hate group.

The Ku Klux Klan still exists today, and some Klansmen still dress in robes and hold cross burnings. According to the Southern Poverty Law Center, there are 155 KKK groups, with a total of about 5,000 to 8,000 members. They operate in 34 states. Most of today's young racists, however, identify themselves with the neo-Nazis, racist skinheads, or other white-power groups instead of the KKK.

Jeff Berry, the former national imperial wizard of the American Knights of the Ku Klux Klan, spent three years in prison.

The KKK was originally formed in the 1860s as a way to restore the Southern way of life that had been destroyed by the Civil War. But perhaps most of all, it was a way to voice the rage of a defeated people. Rage has kept the KKK alive for nearly 150 years—rage against those who have a different skin color or practice a different religion, and rage against those who threaten white racists' shaky belief that their race is better than others. Most of the Klan's thousands of victims suffered and died without much notice.

The deaths of some—especially four young girls in a church basement—awakened the world to the depth of the KKK's racial hatred. If any good could ever come from such a tragedy, it was that it marked the time when the nation said, "Enough!" It became a turning point for positive change in the relationship between blacks and whites in the United States. ▚

Timeline

1866

The Ku Klux Klan is formed in Pulaski, Tennessee.

October 22, 1868

Klan members kill U.S. Representative James M. Hinds.

April 20, 1871

President Ulysses S. Grant signs the Ku Klux Act into law.

May 18, 1896

The U.S. Supreme Court, in the case *Plessy v. Ferguson*, declares that having separate facilities for African-Americans and whites is legal.

February 8, 1915

The Birth of a Nation, a silent film directed by D.W. Griffith, is released.

November 25, 1915

William Joseph Simmons revives the KKK in Georgia.

September 19, 1921

The *New York World* publishes a report on KKK violence and financial cheating.

November 1922

Hiram W. Evans takes over control of the KKK from Simmons.

August 8, 1925

About 40,000 Klansmen parade down Pennsylvania Avenue in Washington, D.C., in the largest Klan rally ever held.

November 11, 1925

Indiana Grand Dragon David Curtis Stephenson is convicted of murdering Madge Oberholtzer.

November 30, 1935

Klansmen murder labor organizer Joseph Shoemaker in Florida.

March 29, 1946

Sam Green forms the Association of Georgia Klans.

May 17, 1954

The U.S. Supreme Court, in the case *Brown v. Board of Education*, overturns years of legal segregation of African-Americans and whites in public schools.

May 14, 1961

Alabama KKK members beat Freedom Riders, who were protesting segregation of bus stations.

July 1961

The United Klans of America is formed, with Bobby Shelton as imperial wizard.

October 1, 1962

White demonstrators and the KKK riot at the University of Mississippi to protest the enrollment of James Meredith, an African-American.

September 15, 1963

Four girls are killed by a bomb planted by members of Birmingham's Eastview Klavern No. 13 at the Sixteenth Street Baptist Church.

February 1964

The White Knights of the Ku Klux Klan of Mississippi is founded, with Sam Bowers as imperial wizard.

June 20, 1964

The White Knights of the Ku Klux Klan kidnap and murder three civil rights workers in Mississippi.

March 25, 1965

Klansmen from the Eastview Klavern No. 13 murder Viola Liuzzo, a civil rights worker in Alabama.

December 3, 1965

Three Klansmen are convicted of violating Viola Liuzzo's civil rights.

December 29, 1967

A judge sentences four members of the White Knights to prison for the murders of the three civil rights workers in Mississippi.

1974

David Duke brings about a revival of the KKK.

November 17, 1977

Robert Chambliss is found guilty of murder for his role in the Sixteenth Street Baptist Church bombings.

November 3, 1979

KKK members and neo-Nazis murder five protesters at a Communist Workers Party rally in North Carolina.

March 21, 1981

Two Klan members murder Michael Donald, a 19-year-old African-American.

Timeline

February 1987

The mother of Michael Donald wins a civil lawsuit against the United Klans of America for the death of her son.

1995

Jeff Berry leds a mini-revival of the Klan in Indiana.

June 6, 1997

Henry Hays is executed for the murder of Michael Donald.

1998

The Christian Knights of the KKK is ordered to pay $21.5 million in a lawsuit over the burning of a black church in South Carolina.

2001

Jeff Berry is sentenced to seven years in prison for kidnapping two journalists.

2007

KKK membership dwindles to between 5,000 and 8,000, according to estimates by the Southern Poverty Law Center.

On the Web

For more information on this topic, use FactHound.

1 Go to *www.facthound.com*
2 Choose your grade level.
3 Begin your search.

This book's ID number is 9780756540920

FactHound will find the best sites for you.

Historic Sites

Sixteenth Street Baptist Church
1530 6th Ave. N.
Birmingham, AL 35203
205/251-9402

Take a tour of the church where an explosion from a bomb planted by the KKK killed four young girls in September 1963.

First Baptist Church
709 Martin Luther King Jr. St.
Selma, AL 36703
334/874-7331

Visit the church where civil rights protesters gathered on March 7, 1965, to march to the Alabama Capitol in Montgomery.

Look for More Books in This Series

Dred Scott v. Sandford:
A Slave's Case for Freedom and Citizenship

Tiananmen Square:
Massacre Crushes China's Democracy Movement

The Bataan Death March:
World War II Prisoners in the Pacific

A complete list of **Snapshots in History** titles is available on our Web site: *www.compasspointbooks.com*

Glossary

anti-Semitism
hatred and mistrust of Jewish people

bribery
giving money or gifts to persuade someone to do something, especially something illegal or dishonest

campaign
organized actions and events toward a specific goal, such as being elected

civil rights
person's rights that are guaranteed by the U.S. Constitution

discrimination
unfair treatment of a person or group, often because of race or religion

federal
relating to the U.S. government

flogging
whipping

freedmen
people freed from slavery

hostage
person taken by force and held, often as a way to obtain something

informant
person who gives the police or other authorities useful information

integration
opening a place or organization to all, regardless of race

intimidated
threatened to force certain behavior

labor union
group of workers who try to improve working conditions and pay

lynched
killed by a mob without a trial, usually by hanging

militia
citizens who have been organized to fight as a group but who are not professional soldiers

National Guard
voluntary military organization with units in each state, usually under the control of the state's governor but available to the president in times of war or emergency

Protestant
Christian denomination separate from the Roman Catholic Church and Orthodox Church

racism
belief that one race is better than another

sanctuary
place of worship

segregation
practice of separating people of different races, income classes, or ethnic groups

sit-in
form of protest in which demonstrators refuse to leave a place, such as a place of business or government building

terrorism
use of violence and destructive acts to create fear and to achieve a political or religious goal

Source Notes

Chapter 1
Page 9, line 6: *4 Little Girls.* Dir. Spike Lee. 40 Acres & a Mule Filmworks. HBO, 1997.

Page 10, line 4: Ibid.

Page 11, line 1: Ibid.

Page 12, sidebar line 8: Ibid.

Page 12, line 7: Melanie Peeples. "Sixteenth Street Baptist Church Bombing: Forty Years Later, Birmingham Still Struggles with Violent Past." *All Things Considered.* National Public Radio. 15 Sept. 2003.

Page 15, line 3: Ibid.

Chapter 3
Page 35, line 20: Wyn Craig Wade. *The Fiery Cross: The Ku Klux Klan in America.* New York: Oxford University Press, 1987, p. 160.

Page 36, line 4: Ibid., pp. 164–165.

Page 37, line 9: Ibid., pp. 165–166.

Chapter 4
Page 43, lines 2 and 3: Ibid., p. 243.

Chapter 5
Page 50, line 8: Ibid., p. 277.

Page 55 sidebar: *4 Little Girls.*

Page 56, lines 6 and 11: Ibid.

Chapter 6
Page 62, line 22: Frank Sikora. *Until Justice Rolls Down: The Birmingham Church Bombing Case.* Tuscaloosa, Ala.: University of Alabama Press, 1991, pp. 139–140.

Page 62, line 25: Ibid., pp. 139–140.

Page 65, line 6: *The Fiery Cross: The Ku Klux Klan in America*, p. 335.

Page 67, lines 19 and 21: Horace Doyle Barnette. Signed Statement. 20 Nov. 1964. Federal Bureau of Investigation. University of Missouri-Kansas City School of Law. 5 Aug. 2008. www.law.umkc.edu/faculty/projects/ftrials/price&bowers/Barnettestatement.html

Page 67, line 26: Bill Brummel. *The Ku Klux Klan: A Secret History.* A&E Home Video, Bill Brummel Productions, 2005.

Source Notes

Chapter 7

Page 76, line 3: *The Fiery Cross: The Ku Klux Klan in America*, p. 368.

Page 77, line 11: *The Ku Klux Klan: A Secret History.*

Chapter 8

Page 80, line 29: Jesse Kornbluth. "The Woman Who Beat the Klan." *The New York Times.* 1 Nov. 1987. 1 Sept. 2008. http://query.nytimes.com/gst/fullpage.html?res=9 B0DE4DD1430F931A15752C1A961948260

Select Bibliography

Chalmers, David K. *Hooded Americanism: The First Century of the Ku Klux Klan, 1865–1965.* New York: Doubleday, 1965.

Cobbs, Elizabeth H. *Long Time Coming: An Insider's Story of the Birmingham Church Bombing that Rocked the World.* Birmingham, Ala.: Crane Hill Books, 1994.

May, Gary. *The Informant: The FBI, the Ku Klux Klan, and the Murder of Viola Liuzzo.* New Haven: Yale University Press, 2005.

Sikora, Frank. *Until Justice Rolls Down: The Birmingham Church Bombing Case.* Tuscaloosa: University of Alabama Press, 1991.

Trelease, Allen W. *White Terror: The Ku Klux Klan Conspiracy and Southern Reconstruction.* Baton Rouge: Louisiana State University Press, 1995.

Tucker, Richard K. *The Dragon and the Cross: The Rise and Fall of the Ku Klux Klan in Middle America.* Hamden, Conn.: Archon Books, 1991.

Wade, Wyn Craig. *The Fiery Cross: The Ku Klux Klan in America.* New York: Oxford University Press, 1987.

Further Reading

Anderson, Michael. *Civil Rights Movement.* Chicago: Heinemann Library, 2004.

Heberlein, Regine I., ed. *White Supremacists.* San Diego, Calif.: Greenhaven Press, 2002.

Heinrichs, Ann. *Ku Klux Klan: A Hooded Brotherhood.* Chanhassen, Minn.: Child's World, 2003.

Mayer, Robert H. *When the Children Marched: The Birmingham Civil Rights Movement.* Berkeley Heights, N.J.: Enslow Publishers, 2008.

Williams, Mary E., ed. *The White Separatist Movement.* San Diego: Greenhaven Press, 2002.

Index

ABOUT THE AUTHOR

Lisa Klobuchar is the author of more than 25 nonfiction books and dozens of articles for young people. She lives in Chicago.

IMAGE CREDITS